続・マスコミ偽善者列伝

◉目次

第三章 筋を通せ

第六章 心そして道徳こそ……197

終章 政策の具体的提言 227

序　章　今は昔の物語

老生、人並みに呆《ぼ》け落ち、近ごろ記憶力がずんと衰えてしまった。長いつきあいの老友と、そのこと電話で互いに歎きあった。

そのとき、近ごろ、こういう笑話が老人に流行《はやり》ということを知った。それは、これからの老人には〈教育と教養と〉が必要という話。

えっ、それは大事《おおごと》ではないか。今さら教育だの教養だのと言われても。日々、記憶が呆け落ちていっているのに。

すると老友がその意味をこう教えてくれた。朝起きると、まず家族のだれかにこう言え。「今日《きょう》（教）はどこへ行《い》く（育《いく》）んやったんかいなあ」と。その予定がないと、次はこう問う。「今日（教）の用《よう》（養《よう》）は、なにやったんかいなあ」と。

これ、老人にとって頭を鍛《きた》え、心を落ち着かせる重要日課となる。〈教育と教養と〉の必要は、永遠の真理であるわな。

などという老人哀話のこのごろではあるが、老生、口は（実は「筆は」）相い変らず動いている。もちろん、その大半は他人《ひと》の悪口ぞ。老生、その口を塞《ふさ》がれると、ただちにあの世行きと心得ているもので、老生、生き延《の》びてゆくためには、悪口を言い続けねばなるまいて。小人の小知恵じゃのう。

その悪口としては、朝日新聞、一段落ちて毎日新聞相手が世に受ける。俗人の老生、もちろんそれは心得て、朝日からのネタ多し。「朝日新聞大好き」ではある。

さりながら、今からほぼ四十年も前のころ、老生、朝日新聞とはふつうの関係であった。のみならず、朝日としては載せにくい内容の拙稿五・五枚の寄稿を求められたこともあったのである（昭和五十四年三月三十一日付大阪版）。もっとも、老生も当時の風潮の下、左筋風に「太平洋戦争・天皇制国家」などという用語を使っていた。

因みに、同稿発表後、作家の故石上《いしがみ》玄一郎の反論があり、老生それに応じて駁論し、さらにかなりの論争となっていった。

その経緯の大筋は『「史記」再説』（中公文庫。元は『史記——司馬遷《しばせん》の世界』講談社現代新書）に述べている。

その朝日新聞に掲載の拙稿を、ここに引用しておこう。タイトルは「武田泰淳《たいじゅん》の虚像」

である。それに関する他の資料の一部は、前記『「史記」再説』に収録している。もっとも、この「武田泰淳の虚像」は長文であるので、まずは飛ばして十四頁の毎日新聞の話へと読み進んで下さって結構である。そして、後でゆっくりとお読みいただけるとありがたい。

（一）「武田泰淳の虚像」（昭和五十四年三月三十一日）

最近、私は『史記――司馬遷の世界』（講談社現代新書）を著したが、その「あとがき」において、名著として世評の高い武田泰淳の『司馬遷』を批判した。

すなわち、同書の初版（日本評論社・昭和十八年）における「序説」の前半四分の一ほどと「結語」のすべては太平洋戦争を礼賛《らいさん》したものであったが、戦後に流布した諸版において、いずれも削除されているという事実を指摘してその行為を批判し、削除された文章の一部を引用したのである（ただし、昭和四十六年・筑摩書房刊『武田泰淳全集』第十一巻所収のは初版どおり）。

私としては、ただ事実を示したにすぎなかったのであるが、読者の多くのかたから「はじめて知った」「たいへん驚いた」ということばをいただき、武田文学の原点ともいわれる武田『司馬遷』の実像についてよく知られていないということを痛感した。

その削除部分をすこし紹介すると、たとえば「日本人は今、自分たちの力のあらんかぎり出しつくして戦つてゐる。……我々の場合は日本及び日本の中心を信ずることのみが、歴史に参加することになる。……真珠湾頭少年飛行士の信念を羨むのみである。……忠とは、身を史記的世界に置いて、日本中心を信ずることである。勇とは、史記的世界に肉身を露してたぢろがぬ事である。忠勇無比とは、史記的世界が真実囲繞《いじょう》するとも、断じて往く行動者の態度である」等々と述べているのである。

当時の出版物におけるこうした戦争礼讃は、珍しいものでない。たとえば、著名な法学者、末川博《すえかわひろし》は「昭和十二年以来……北支事変は支那事変と呼びかへられて拡大し、更に大東亜戦争は赫々《かくかく》たる戦果に伴ふてすばらしい構想のもとに展開されつつある……大東亜共栄圏建設の客観的な現実の諸条件は着々と整へられつつある」(中央公論社刊『歴史の側面から』昭和十七年)と書いている。

これらの礼讃、それはその時点において真実であったのだろう。それならば、いやしくも文学者である以上、自己の文章に対して誠実に責任を持たねばなるまい。その責任とは、たとえばあくまでも正しかったと主張することであろうし、あるいは苦渋に満ちつつも謝罪して過去の文章を否定することであろう。

しかし、武田泰淳はそのいずれの道をも選ばなかった。彼は頬《ほお》かむりし、つごうの悪い個所を削除して、戦後なんども各社から出版したのである。出版社からの要請があったのかもしれない。しかし彼は少なくとも削除を承認しているはずである。そして「ぼくの著作のなかで、是非とも読んでいただきたいものをあげろといわれたら、やはり今のところ、この本以外にない」(第四版序文・昭和三十四年)とさえいいきっているのである。

これには親友の竹内好《よしみ》にも責任の一端がある。彼は第五版(平凡社・昭和三十六年)の解説において「戦争がはげしくなった時期に書かれ、それがそのまま手を加えずに戦後にも通用するという、この種の書物では珍しい例の一つである。……おそらく抵抗文献としても秀作の一つであろう」とまで持ちあげた。

ところが戦後に中野重治《しげはる》から初版本と戦後版とのあいだに相違があることの指摘を受けて、竹内ははじめてその事実を知るという、彼のことばを借りれば「大失態」を演じた。そこで「この話を武田にすると、かれは例によって、いたずらっぽく眼尻で笑って削除を認めた」(文藝春秋刊『日本と中国のあいだ』所収「ケジメの感覚」昭和四十四年発表)。

しかし、このときに竹内が挙げた削除個所は、初版本序文の一部、太平洋戦争開戦の

「あの日以来、心がカラッとして、少し書けそうになつた」などにすぎない。徹底的に初版と戦後版とをつきあわせるという厳密さがなかったため、「結語」全文や「序説」のはじめあたりが削除されているという重要なことを竹内好はそのとき知らなかった。だから、「削除はごくわずかである。わずかではあるが、時局便乗と見まがう発言なので、私として見逃してならないはずのものである」(『武田泰淳全集』第九巻解説・昭和四十七年)と事実誤認をしつつ辛うじて苦言を呈するにとどまっている。批判にはなっていない。

この武田『司馬遷』が本格的に高く評価されたのは、戦後版によるものであることは、みずから述べている(第三版序文)。高く評価した人々は、おそらく「序説」の一部と「結語」の削除を知らなかったのであろう。前記の『武田泰淳全集』は初版本を底本とする正統的編集方針であったので、削除されてきた個所が収められている。しかし、個人全集であるから購読者の範囲は限られているであろうし、解説担当の山本健吉も削除問題についてまったく触れていない。

このような事情をみてくると、一般読者においては武田『司馬遷』を、削除のある戦後版で読むのがふつうのようになっているといえよう。しかし、この戦後版で読むのは、はたして正しい読み方なのであろうか。

私は、武田『司馬遷』は削除された部分があってこそはじめて首尾一貫する作品であると思う。すなわち、初版は、天皇を頂点として世界を支えようとする日本、その構想を遂行しようとする日本人の強い力に対して、「史記的世界」に示されているところの、皇帝が存在しこそすれ、その力と体系とはしだいに解体されてゆき、最後は個人としての「人間」しか残らない「支那人」のもろさ、弱さを描こうとしたものであると私は考える。それは、孫文《そんぶん》がいみじくも自国民を国家に対して忠誠心のない「バラバラの砂」と自嘲《じちょう》的に評した現実を踏まえている。だからこそ「結語」において「史記的世界は要するに困つた世界である。……ことに世界の中心を信じられぬ点、現代日本人と全く対立する。……日本は世界の中心なりと信じてゐる日本人、かつその持続を信じてゐる日本人からすれば、武帝を信じられぬ司馬遷如きは、不忠きはまりない」というのである。

こうして、天皇制国家の下に団結する日本人を優位とする観点を示す部分が削除された結果、戦後版武田『司馬遷』はイデオロギーの脱落した『史記』解釈の文芸評論となってしまっている。そうした脱イデオロギー文芸評論というものに関するかぎり、まさに竹内好のいうごとく「書かれた当時の時代背景や、作者の精神状況を離れて、独立した作品としても今日なお鑑賞に堪《た》える」（第五版解説）ということになるだろう。しかし、それは武田『司馬遷』の虚像を読むことになるのではなかろうか。

武田泰淳も竹内好も今は亡い。削除問題に関する彼らの考えが真実どのようなものであったのか、今となっては知る由もない。けれども武田『司馬遷』は問題個所を削除して名著の地位をすでに不動のものとしており、彼の戦争礼賛や天皇制国家観などは確実に闇《やみ》に消えてゆくであろう。この世の評価とはそのように頼りないものである。

いや、朝日だけではない。かつては毎日新聞とも仲が良かったのである。同紙夕刊に、「視点」というコラムを担当していて、「一千字論語」という読み物（大阪版夕刊）の連載もしていたのである。参考までに一点ずつ引く。

（二）視点「軍人ならいけないのか」（平成三年七月十六日）

新しい教科書の検定が終わった。社会科では、文部省が四十二人の歴史上の重要人物を含めることを要望していたので、全員が登場したという。ところが、東郷平八郎《とうごうへいはちろう》がはいっていたことを取りあげ、軍人であるから好ましくないとか、問題がある、といった論評が加えられている。

これは奇妙な批判である。もし軍人であるからいけないと言うならば、武士もいけないということになるではないか。四十二人中、織田信長、西郷隆盛など何人か失格である。

いや、東郷は軍人というだけであって、政治にも文化にも寄与していないからいけない、と述べる人がいる。それなら、四十二人中、源義経はどうなるのか。義経は単なる武人にすぎない人物ではないか。

軍人だからいけない、というようなレッテル貼りは俗論である。文化人ならいい、というようなレッテル貼りは無知である。判断はあくまでも個々の人物の具体的評価に基づくべきであろう。すなわち、軍人の中に、りっぱな人もあり、下らんのもいる、ということである。学者・文化人の中に、すぐれた人もあり、つまらぬのもいる、ということである。

相手の属する集団や職業などを見るだけで、すかさず陳腐なレッテルを貼るのは、その心の奥底に差別の意識がうごめいているからである。人間そのものの価値を見ようとしない連中が、差別心のままレッテル貼りをするのである。

（三）「一千字論語」（平成元年五月二十三日）

「年四十にして悪《にく》まるれば、それ終《おわ》らんのみ」陽貨《ようか》篇

四十を不惑《ふわく》という。「四十にして惑《まど》わず」（為政篇）という孔子のことばからきている。孔子の四十歳前後は、彼の生涯中、おそらく上昇する気分が最も強かったころであろう。もっとも為政者としてまだ国家の表面に現れていなかったが、いずれ登場するであろうという気分が彼の周辺にあった。

孔子の塾には、天下の秀才が続々と集まりつつあった。孔子は彼らとディスカッションに明け暮れた。政治とは何か、道徳とは何か、礼楽とは何か、文学とは何か、白熱した議論や学習が行われていた。

いつの時代でも、天下の秀才は、その時代の最新の（いや、俗っぽくいえば、流行の）学問に憧れる。時代のミーハーでもある。ノーベル物理学賞の受賞者が出れば、物理学に人が集まり、石油時代といえば、化学は満員となり、バイオテクノロジーが流行すると、押すな押すなと生物学に寄せてくる。

孔子は、時の人である。中心産業である農業、そしてそれを支える共同体（家族共同

体や地域共同体）の原則、それらを守るための理論を孔子は作り出していったのである。農業や共同体の原則は、孔子以前においては、ただ雑然と、あるいは漫然と肯定されていただけであったが、孔子はまとまった理論を提供したのである。そして、この理論に基づいて、孔子は熱っぽく政治はこうあるべきだ、家族はこうあるべきだと、語ってやまなかった。それに魅かれて弟子が集まってくるのは当然であった。

孔子は、後にこういっている。「四十（歳）五十（歳）にして〔人に〕聞ゆるなきは（知られていないのは）、これまた畏《おそ》るるに足らざるのみ」と（子罕《しかん》篇）。孔子の自信のほどがうかがえるではないか。まさに「四十不惑」を孔子は実感していたのである。

しかし、絶頂期や上昇期は、同時に危険な時期でもある。出る杭《くい》は打たれる。世には嫉妬《しっと》の目がある。臆病者は有能な人間をこわがる。孔子もまたさまざまな妨害を受けてゆく。苦い経験からしぼり出してきたことばであろう、孔子は自分を戒めてこういう。「年　四十にして悪《にく》まるれば、それ終《おわ》らんのみ（うまくいかなくなるぞ）」と。

右の拙稿の（一）・（二）は、現在の朝日新聞や毎日新聞のカラーでは載せることはないであろう。それほど変ってきたのである。

もちろん、編集にはそれなりの方針があるので、その方針で進むべきである。しかし、現在のその先行きに〈希望〉はない。マルクス主義、社会主義総崩れの現実においては。

老生、雑誌『Ｈａｎａｄａ』・『Ｗ・ｉＬＬ』・産経新聞「正論」・同紙コラム「古典個展」等を舞台にして世のいわゆる〈優等生の正論〉すなわち〈凡庸な一般論〉を批判、いや罵倒してきている。悪口雑言《あっこうぞうごん》の数々じゃのう。

小人の老生、それが楽しくて楽しくてならぬ。種は山ほどある。俗世がもて囃《はや》すいわゆるコメンテーターとやらや、少しは勉強した学校秀才なる者が、実はどれほど凡愚《ぼんぐ》、凡才、凡俗、凡人……であるかということがよく分った。

それを言わずにはおれぬ老生、彼らより遥かに悪人じゃのう。それも小悪人《こ》。しかしその先のことは安心しておる。なぜなら、「善人なほもて往生を遂ぐ。いはんや悪人、いや小悪人をや」じゃ。呵呵《かか》。

第一章

朝日新聞大好き

——貌《かたち》は恭敬《きょうけい》を象《かた》どり、
心は傲狠《ごうこん》。

世間知らず——江川紹子・尾木直樹・デーブスペクターの言説

老生、大阪の片隅で細々と暮している。気楽なもので、世上のつまらぬ出来事を嘲《あざけ》るのが楽しみという、小人の生活の日々。

分けても、一番面白可笑《おもしろおか》しく読めるのが、朝日新聞。聞けば、東京新聞とやらも、同種の新聞との話であるが、大阪では残念ながら手に取ることができない。

さて朝日新聞。コラム天声人語が大学入試によく出題されるとの伝説があり、大学受験生宅では定期購読することが多いとのこと。御苦労な話である。

出題する現代文の材料として天声人語を使う大学がもしあるとすれば、断言しておこう、その大学は、いわゆる三流大学である。

真っ当な大学であれば、それこそ公平を期すために、特定紙から出題することはしない。他紙の読者が不利にならないためだ。そんなこと、出題側の基本のキではないか。

老生宅は、二世帯一棟なので、拙宅は産経、いま一つは朝日・毎日であり、翌日交換している。というわけで、老生、朝日新聞も毎日新聞も愛読しておるわ。もちろん、購読料は払っておらぬ。

さてその朝日。保守派が同紙を取り上げて批判する場合、その愚劣な論調を対象とするのが一般的。それはそれでいい。しかし、同紙の書評も極めて愚劣である。どこがかと言えば、ちゃんと読んでいるのか疑問。老生、某書を読了した同じころ、たまたまその書評が朝日に出ていたので読んだが、原本の序文とあとがきだけを読んで書評を書いたとしか思えないのがあった。手抜きの見本。

それはともかく、安倍批判、安倍打倒の怨念そのものの朝日は、平成二十九（二〇一七）年十一月十日付夕刊に従来の誤まった主張を拡大するためか、三人の朝日茶坊主に語らせている（もっとも一人は女性じゃからそれは「茶尼」かのう）。

その一は、女ジャーナリストの江川紹子。加計学園の獣医学部ができると税金が投入されるのに理事長は雲隠れしている。大学運営について語る責任がある……と述べている。

世間知らずとはこのことである。文科省等公的機関に認可を得るために申請した場合、その審査機関の結果（合否を含めて）が出るまで、申請者はその内容について公開しないのが原則である。当然、加計学園の獣医学部新規申請の内容を審査終了前に理事長たる者がペラペラ他者に喋ることはありえない。その意味では〈雲隠れ〉が正しい。

その二は、教育評論家の尾木直樹。「獣医学部の校舎の建設が進む光景に腹が立ち、違和感があった。……工事が進んだのは、認可される自信があったからだろうか」と述べる。世間知らずの二番手である。新設を申請するとき、書類の提出だけで済むと思っているのか。何年教育界にいたのか。書類プラス実地調査という検分があることを知らないのか。どの学校法人も、申請して合格するために、ハード面の準備にも苦労する。当然、設備面においても「認可される自信」を持てるよう努力するのだ。書類だけで済むのだったら、どの学校法人も今すぐ新設申請するだろう。

その三は、放送プロデューサーのデーブスペクター。「建設中の建物を壊したり譲ったりするわけにもいかないし、やむを得ないでしょう」とは、尾木某と同じく、審査としての実地調査ということが分っていない俗論。さらには「理事長が表に出てこないということは、やはり裏で何かあったのではないかと思ってしまう」に至っては、デーブ自身の〈忖度《そんたく》〉以外の何物でもなく、名誉毀損《きそん》ものの発言。もちろん、江川某についても、上述の、審査中における申請者の沈黙のルールも分っていない。

この三人の茶坊主（一人は茶尼か）は、己れの無知の上に立って民主政治危機へとまで話を飛躍させている。それはアジテーターの典型であり、朝日は自分の狙いを俗論で文飾している。彼ら三人の他、キャンキャン吠えている朝日飼い犬など、まったく問題とするに足りない。

古人曰く、〔大悪党の〕盗跖《とうせき》の〔飼い〕狗《いぬ》〔が大人物の〕堯《ぎよう》に吠《ほ》ゆるは……固《もと》よりその主《しゆ》〔飼い主〕に非《あら》ざる〔者《もの》〕に〔対して〕吠ゆるなり、と。

盗跖《とうせき》の狗《いぬ》　堯《ぎよう》に吠《ほ》ゆるは、
跖を貴《たつと》びて堯を賤《いや》しむに非ず。
狗　固《もと》よりその主《しゆ》に非《あら》ざるに吠ゆ。

『戦国策』斉六

「天声人語」の非常識

平成二十八（二〇一六）年通常国会において、安倍晋三首相が所信表明を行っていたとき、或る個所において自民党議員らが立ち上がって拍手した。

その映像が何回かテレビで映し出されていた。それに対して、野党が抗議した。理由は、自然発生的拍手ではなく、指示され〈作られた拍手〉だからいけないとのこと。

何を言う。なんとかも休み休み言えと言いたい。故意の拍手は許せないと称するならば、野次はどうなるのか。野次はすべて故意であり、自然発生ではない。

拍手にしてもそうだ。もし仮に座って拍手をしたとしたならば自然発生的と言うのか。そのような保証はどこにあるのか。

〈作られた拍手〉という抗議は、態《てい》をなしていない。まして、ヒットラーと同じだ、個人崇拝的だ、などというコメンテーターがいたが、笑い種《ぐさ》である。ヒットラー時代のような、北朝鮮のような全員の拍手ではなくて、与党議員のみによる拍手ではないか。それがどうしてヒットラー式・北朝鮮式と言えるのか。しっかりとよく考えて物を言え。でなくては、テレビコメンテーターでなくてテレビコメディアンである。

〈作られた拍手〉に対する批判に二種類ある。一つは、上述したような〈立席しての拍手〉という、形式に対しての批判である。それは俗耳に入りやすい。

ところが、右の拍手への批判において、さらに歩を進めて〈拍手を送る相手〉に対する批判、すなわち拍手の目的や意味に対するという、内容に対しての批判がある。

安倍首相は、所信表明中、領土などを守る決意を述べた後、海上保安庁・警察・自衛隊・消防関係の勤務者に対して、今この場所から、心からの敬意を表そうではありませんか、と呼びかけ、立席拍手となった。

これに対して、朝日新聞の「天声人語」はこう批判している。「多くの職業のなか、なぜこの人たちだけをたたえるのか釈然としない」(平成二十八年九月二十八日付)と。

何を言う。なんとかも休み休み言えとまた言いたい。警察(海上保安庁も含む)・自衛隊・消防諸関係者は、その他の職業よりも尊いのである。と言う最大の理由は、自分の生命を投げ出すことを前提としているからだ。それも日本国民のため日本国のためである。それが分らない、分っていないのが天声人語。他者のために己れの生命を惜しまない職業は、他のいかなる職業よりも尊いと思うのが一般常識である。天声人語にはそういう常識がない。職業に貴賤はなく、すべて平等の価値があるなどという小学生レベルの頭で考えているることがよく分った。こういうのをメディアコメディアンと言う。

となると、ここで一歩退《しりぞ》いて、上記のような、自己の生命を捨てて顧《かえり》みない方々が守ろうとする日本人の有様《ありさま》を反省する必要がある。今の日本人はどういう有様か。

これはもう悲惨である。細かいことは述べる必要はなかろう。そのほとんどは、国家を意識せず、ひたすら利己に基づいて生活している。例えばテレビ番組を見ても、食べる話や遊びの話ばかりであって安穏《あんのん》と暮している。あえて言えば、そういう人々は守るほどの価値があるのだろうか、ということである。

にもかかわらず、警察・自衛隊・消防等の諸公は、黙って職務に従っておられる。これらの方々に対して、国民のわれわれは敬意と感謝との気持を持つのは当然であろう。

それが人間というものであって、敬意と感謝との気持をこめた立席拍手のいったいどこがいけないのか。

警察・自衛隊等の諸公こそ、真の勇気ある人々である。真に頼れる力量ある人々である。このような人々に対してこそ、敬意を示すべきである。

古人曰く、死を軽んじて以《もつ》て礼（大義）を行《おこな》ふ。之《これ》を勇と謂《い》ふ。暴《ぼう》を誅《ちゅう》（討伐）して彊《きょう》（強敵）を避けず。之を力《りき》と謂ふ、と。

死を軽んじて以《もつ》て礼を行《おこな》ふ。之《これ》を勇と謂《い》ふ。暴《ぼう》を誅《ちゅう》して彊《きょう》を避けず。之を力《りき》と謂ふ。

『晏子《あんし》春秋』諫上

〈武士の約束〉の覚悟ありや

平成二十八（二〇一六）年十二月二十七日午前（日本時間二十八日早朝）、安倍晋三首相はオバマ大統領とアメリカのハワイに在る真珠湾を訪れ、追悼施設のアリゾナ記念館において慰霊した。

若い人たちにとっては、真珠湾と聞いても、特別の感慨はないことであろう。しかし老人らにとっては、胸打つ想いなのである。

大東亜戦争（アメリカ側は太平洋戦争と称する）は、日本軍の真珠湾攻撃に始まる。昭和十六年十二月八日の開戦に関しては、老生、五歳であったので、印象はなかった。

けれども、台所の壁に貼ってあった一枚の写真は、毎日、見ていたので覚えている。真珠湾攻撃の折、日本軍の特殊潜航艇五隻が撃沈されたが、そのときの戦死者九名の遺影であり、船が一隻、写真に付いていた。九軍神と称せられていた彼ら軍人の顔を、今も覚えている。

一隻に乗組員が二人であったから、十軍神のはずであったが、老生、子どもであったことゆえ、特に疑問は抱かなかった。相当後《のち》に、一人がそのとき捕虜となったことを知った。この真珠湾攻撃について、さまざまな角度から論評されている。それはそれで自由である。けれども、当時の軍国少年にとっては、まず胸きゅんとなる物語なのである。

それだけに、日米戦争後七十年、開戦の地に日本国首相が慰霊の誠を捧げる日を迎えるとは、老生に感動を与えてくれた。

ところが、左筋の連中は、相いも変わらず、けちを付ける。それも誤まったけちである。例えば、朝日新聞（平成二十八年十二月二十八日付夕刊）は、一面に慰霊記事を載せての大見出しに「真珠湾慰霊　謝罪せず」と。

同紙翌日付朝刊では、例えばミニ政党の社民党幹事長の又市某は「真摯《しんし》な反省と謝罪が求められている」と。

すなわち〈安倍首相は日本を代表して謝罪せよ〉という論であるが、これは全くの誤まりなのである。なぜか。

現代国家以前においては、国《くに》と国との争いは、強盗の理屈であった。強力な国は弱小国に攻めこみ富を掠奪《りゃくだつ》した。敗ければ土地を奪われ、高額の賠償金まで支払わされた。残るのは、怨恨《えんこん》であり、いつの日にかの報復心であった。つい最近までそうであった。そうした憎しみの連鎖を絶とうと努力してきたのが現代国家である。

どのようにしたのかと言えば、〈講和条約〉を結ぶという知恵であった。「講和」と書くが、以前は「媾和」と書いていた。これは、和睦《わぼく》すなわち仲直りという意味。つまりは平和条約である。もちろん、適切な賠償を伴なうが。

交戦国それぞれお互いに言い分はあるだろうし、満足はできないであろうけれども、講和条約を結んだ後は、国家としては、戦争時に関する不平不満や謝罪の要求などを公的には発言しないという約束である。それは〈武士の約束〉なのである。

日本は昭和二十六年にアメリカ等とサンフランシスコ講和条約を結んだ。以後、日本国は、公的にアメリカ等に謝罪すべきではない。いや、してはならないのである。

日本は、サンフランシスコ講和条約以後、中華民国（台湾）と同条約に調印、中華人民共和国（中国大陸）とは昭和五十三年に日中平和友好条約（講和条約に相当）を結んだ。それ以後、国家としては謝罪すべきではない。

講和条約ではないが、それに類する、同等の日韓基本条約を昭和四十年に大韓民国と結び、両国およびその国民の間の請求権などが、完全かつ最終的に解決されたこととなることが確認された。もちろん、以後、日本国家としては謝罪してはならない。

国際化とは、例えば右のようなルールを理解し実行することから始まる。外国語の端《はし》くれを会話中心に練習するなど、二《に》の次《つぎ》なのである。そのところを大半の日本人は理解していない。

古人曰く、君子　法制を用ふれば　化《か》（文化的で平和な世の中）に至る。小人　法制を用ふれば、乱《らん》に至る、と。

君子　法制を用ふれば、化《か》に至る。
小人　法制を用ふれば、乱《らん》に至る。
『漢書』仲長統伝

メディア芸人——鳥越俊太郎・大橋巨泉の言説

平成二十八（二〇一六）年七月三十一日の東京都知事選の翌日、一面トップの太字の見出しはおもしろかった。産経新聞は「小池百合子氏、圧勝」、毎日新聞は「女性初　増田氏らに大差」、そして朝日新聞は「都知事に小池氏」と来た。

この見出し、朝日はよほど口惜しかった気持ちから生まれたものであろうが、ジャーナリズムとして劣ったものとなっている。

と言うのは、「圧勝、大差」と言えば、東京都知事当選ということはもちろん、その票差の状況も同時に伝えている。用語として的確。しかし、「東京都知事」とだけ記したのでは、票差の状況が全く伝わらない。毎日新聞も口惜しかったではあろうが「大差」と記し、ジャーナリズムとしての責任を果たしている。朝日新聞のその見出しは、最近よく聞く同紙の劣化を示す一例となっている。

だいたい、鳥越某などという候補は、弾《たま》が悪い。出だしからして頓馬《とんま》であった。立候補時、高齢七十六歳の彼が「終戦のとき二十歳であり、先の戦争のことをよく覚えている」と称した。しかし、終戦からその年まで七十一年。すると当時の彼はわずか五歳の幼童だったはず。

とすれば、五歳の彼が戦争のことを〈二十歳〉らしくよく覚えていたこととなり、天下の大秀才であったという自慢話となろう。

そうか、俗に十《とお》で神童、十五で才子、二十過《はたち》ぎれば徒《ただ》の人と言うから、〈徒の人〉宣言をした話とも受け取れようか、呵呵。

要するに、すこしはメディアで名が知られていただけの平凡な左翼筋にすぎなかった男だが、メディアや民進・共産などの党が持ちあげ、結局は女性スキャンダルのおまけつきで消えていった。もうこれで終り。

似たようなことが、故大橋巨泉についても言える。近来、この大橋某は左翼的言説をばらまいていたが、もともとは左翼運動家ではなく、単なる演芸人であった。先だって世を去ったとき、メディアは一斉に彼の業績を称《たた》え、テレビ界の神様のように誉《ほ》め騒《そや》していた。なるほど故人を悼《いた》む美辞はいい。しかし、大橋某が華やかに登場したときに受けた当時の老生らの評価はまったく違うものであった。

大橋某が売り出したときの経歴は、ジャズに詳しく、競馬に強く……といった、いわば遊興の世界をよく知る者といった感じで、そのような人物がテレビ界という新興業界に登場し、持《も》て映《はや》されたのである。

教員であった老生ら、多少は世間の柱の役目をしていた者たちにとっては、いや広くはまじめに働いていた当時の健全な人々にとっては、大橋某のような生活をする者を〈芸人〉としてではなく〈遊び人〉と称していた。

そうした〈遊び人〉が世の寵児《ちょうじ》となった、というのが、当時の感覚であった。

その〈遊び人〉が、いつのまにやら国会議員となり、しだいに左翼的発言をするようになっていった。その経緯は知らない。しかし、左翼面《づら》をすることによってメディアで重宝された点は、鳥越某と同じである。いや鳥越某ごとき以上に大橋某は世情に影響を与えていった。

それは遊び人らに限られていた遊興気分、嗜好《しこう》、行動が、テレビ画面を通じて、しだいに日本全体に広がっていったことである。

もちろん、技術革新という産業効率化に由《よ》る、求人の減少をはじめいくつかの原因で、まじめに働く人の職場が縮小されたというような大原因はある。しかし一方、遊び暮すという生活を望む気分や選択をする者が今や増えてきている。日本人の古来の勤勉さや、額に汗する労働を選ばず、それどころか逆に、社会は自分をなにも助けてくれないと文句を言いさえしている。そのような日本人がしだいに増えてきたのは、「へらへらよし、遊興よし、バクチよし」と遊び人が大きな顔をするようになったあたりからではなかろうか。

古人曰く、鄭《てい》・衛《えい》（孔子のころの二つの国家）の音〔楽〕は、乱世《らんせい》の音〔楽〕なり。また曰く、鄭《てい》〔国の音〕声《せい》（鄭国の淫靡《いんび》な音楽）の〔正統的〕雅楽《ががく》（秩序）を乱《みだ》るを悪《にく》む、と。

（一）鄭《てい》・衛《えい》の音〔楽は〕、乱世《らんせい》の音〔楽〕なり。
（二）鄭声《ていせい》の雅楽を乱るを悪《にく》む。
（一）『礼記』楽記　（二）『論語』陽貨

朝日「私の視点」欄は代弁者

新聞には、必ずと言ってよいほど読者の投稿欄がある。

なにしろ読者の書いた文章であるから、それを掲載した新聞社の意見ではない。と言うことは、仮にその投稿内容に問題があったとしても、新聞社自身に直接の責任はないということになる。せいぜい「今後よく注意します」というあたりでおしまい。

しかし、それはおかしいではないか。第一、その文章を書いた投稿者が実在するのかどうかも怪しいものだ。その上、個人情報は他者には伝えないというガードもある。

老生、ときどき読者投稿欄を読むが、話半分に読んでいる。その新聞の主張に沿った意見が出ているときなど作為の跡を感じる。

もっとも、真相は分らない。ただ、なにやら胡散臭《うさんくさ》いものを感じる。もちろん、真剣に文章を書いて投稿する人が大半であろうが。

さて、純然たる投稿、読者としての気持の表現は、それはそれでまあよい。しかし、例えば朝日新聞の「私の視点」というコラムはどうであろうか。これは、「投稿は……」という注意書きがあるので投稿欄であるが、単なる投稿欄ではない。整った議論・主張の発表場所である。約一千字（四百字詰原稿用紙二・五枚分）であるから、少しまとまった意見の発表場所としては十分である。

ただ、この「私の視点」欄における主張は、だいたいにおいて朝日新聞の論調と波長が合っていることが多いので、いわば、読者の投稿を借りて自分の主張をしているという感がある。

もちろん、それは老生の思いすごしと言われればそれまでであるが、老生のこの観点、まず当たっている、との心中《しんちゅう》。と言う話で、一例を挙げてみる。平成二十八（二〇一六）年四月三十日同欄に「ヘイトスピーチ　実効的な法規制を求める」と題するものがあった。筆者は在日コリアン弁護士協会代表とやらで、その名、全然知らない人。

同稿は、要するに、ヘイトスピーチをなにがなんでも法規制せよ、かつ被害者の対象を限定するな、と主張している。

これは独裁者の論法である。対象を限定しない言論規制とは、無限に独裁者の感覚が根拠となるのであって、それはもはや法律ではなく、強制力のある命令、それも命令者の恣《し》意《い》によって運用されることになるであろう。あえて言えば、ファシズムの発想であり、それが弁護士の口から出るとは驚きである。

もしそれを主張したければ、差別の例文をさまざま示すべきである。例えば、「朝鮮人の眼は、伝統的には一重瞼《ひとえまぶた》であり細いが、近ごろは整形手術でパッチリ目の人が多い」という文はヘイトスピーチなのかどうか。

もしそうであるとするならば、どの点がどのようにヘイトスピーチであるのか示せ。

もしそうでないとするならば、なぜなのか具体的に説明せよ。

おそらく示すことも説明することもできないであろう。しかしヘイトスピーチ反対と主張するならば、これがヘイトスピーチであるとする例文集を刊行して示すべきである。

ヘイトスピーチ反対と称する連中の同類が、沖縄米軍基地周辺でのデモや喚声《かんせい》において「ヤンキーゴーホーム」ということばを使っている。このことは、前著でも記したことであるが、再記しておこう。「朝鮮人は帰れ」はヘイトスピーチであり、「ヤンキーゴーホーム」はヘイトスピーチでないということを説明してみよ。できないではないか。

近ごろの北朝鮮・韓国の言動に対して、批判する言説や刊行物は相当に多い。それらの文章を一一《いちいち》取りあげて論ずるとなれば、それは検閲であり表現の自由の侵害となるであろう。この「私の視点」の主張は愚かな主張である。それを後押ししているのが朝日新聞ということであろうか。

古人曰く、賢者《けんじゃ》はその昭昭《しょうしょう》（十分な理解）たるをもって、人をして昭昭たらしむ。今〔時の人〕はその昏昏《こんこん》（不十分な理解）たるをもって、人をして昭昭たらしめんとす、と。

> 賢者《けんじゃ》はその昭昭《しょうしょう》たるをもって、人をして昭昭たらしむ。
> 今はその昏昏《こんこん》たるをもって、人をして昭昭たらしめんとす。
>
> 『孟子』尽心下

左筋新聞の投稿欄——公平の化粧

老生、古書店とだけは縁が切れない。前を通ると、買いもせぬくせに、つい立ち寄る。先日、某古書店の前を通ったときのこと。道路に面したショーウインドーを覗《のぞ》いてみた。全集物がそれこそ山と積まれていてなかなかおもしろい。その中に『桑原武夫集《くわばらたけお》』全十巻（岩波版）があった。値札はなんと「二千五百円」。

しばし「二千五百円」という朱筆にくぎ付けとなった。一冊が二五〇円ではないか。その値段なら、書店の前に置いた縁台の上に並べられている程度の本ということだ。

桑原武夫と言えば、かつては颯爽《さっそう》と京大人文科学研究所を率い、一世を風靡《ふうび》した進歩的文化人、それもスターであった。日本中の学生にとって〈神〉のような存在でもあり、戦後日本における進歩的文化人の中心の一人であった。

そういう大将の全集が今や二千五百円。しかも売れずにショーウインドーの中に有る。栄枯盛衰とはよく言ったものである。今や左翼論壇は崩壊し、寂《せき》としている。多少論じているのはいるが、小者《こもの》ばかりである。人を唸《うな》らせるような大説《たいせつ》を論ずる者はおらず、小さい説いわば小説《こせつ》をつぶやく程度である。

どうしてこんなことになってしまったのであろう。わずか三十、四十年の間に。

と思っていたところ、なんとも奇妙な文に出合った。進歩的文化人に愛読者が多いであろう毎日新聞の読者投稿欄に、平成二十六年二月十六日に載った次のような趣旨の文章である。

「日本には自衛隊、米軍の基地が存在し……武力で威嚇侵攻しようとする相手の意図、意思を未然に防ぐ抑止力となり、日本の平和、安全、独立が保てる。……『戦争反対・平和を』の声をあげれば戦争は起こらず平和になると考える人々は現実の……情報認識が欠如していて、世界では通用しない……」と。

一見、産経新聞の投書欄かという感じ。これは、いろいろな声を取り上げ、表現の自由を守る公正なメディアですよ、というその新聞の姿勢のように見える。しかし、そうではない。

引用箇所以外のところに、「と考えます」「と私は思います」「と私は思うのです」「と私は確信します」が各一回、わずか全文四百字の短文の中にある。不自然さを感じた。この新聞は、以前から全く逆の論陣を張っていたではないか。

すなわち、全文章は投稿者の個人的意見ですよ、と逃げを打ち、と同時に、基地問題に対してウチの新聞は公正ですよというポーズをとっていると、私は読み取った。

もしも、私の直感通りであるのならば、手口が〈せこい〉のである。もっと堂々と左翼に徹すればいいではないか。

読者の投稿を利用するような小細工をするのではなく、それこそ、例えば桑原武夫の位置づけの特集を組むとかをすべきであろう。もちろん桑原全集全十巻がなぜ二千五百円なのかを肴《さかな》にしてな。

古人曰く、貌《かたち》は恭敬《きようけい》（うやうやしく、つつしむ）を象《かた》どり（よそおい）、心は傲狠《ごうこん》（いばっていて、ねじれている）、と。

貌《かたち》は恭敬《きようけい》を象《かた》どり、
心は傲狠《ごうこん》。

『書経』堯《ぎよう》典

靖國神社参拝を批判できるのか

近代化の悲劇の一つは、唯物論《ゆいぶつ》それも〈唯《た》だ物あるのみ論〉を最高とする自称知識人（実は無知人）の増加であり、その実例は朝日新聞や毎日新聞の社内にごまんといる。

彼らは、安倍首相の靖國神社参拝を必死になって批判している。しかし彼ら唯だ物論者は〈参拝〉の宗教的本質が分っていない。

宗教的に言えば、神社参拝は、いわゆるシャマニズムなのである。それは、日本人なら日本仏教（インド仏教ではない）の下に祖霊祭祀《それいさいし》を行っているシャマニズムと共通する。

死者は、神道ならば〈神〉（一神教の唯一絶対神とはまったく異なる多神の一柱《ひとはしら》）となり、日本仏教ならば〈仏〉となる（祖霊は成仏）と信じているのである。

その〈神〉や〈仏〉（つまりは前世の死者）は、どこに坐《まし》ますのか。

それを説明するのに最も成功したのが儒教である。儒教では、人間の生《せい》を成り立たしめているのは混合した魂《こん》（精神を支配）・魄《ぱく》（肉体を支配）であり、死を迎えると魂・魄は分離し、魂は天空に漂《ただよ》い、魄（白骨）は墳墓に安置され地下に眠る。

この分離した魂・魄を招き寄せ合一させると生きかえり、再び現世にもどり、生き残った者と再会する、とするシャマニズムを基礎にするのが神道であり、日本仏教なのである。ただし、歴史的諸事情で、その祭祀は魂が中心すなわち招魂《しょうこん》が中心となっている。

では、魂は現世のどこに帰ってくるのかと言えば、依《よ》り代《しろ》にである。一般家庭の仏壇では亡き人の位牌、靖國神社では霊璽簿《れいじぼ》（英霊の氏名帳）がそれに当る。それは場所であるので〈位《い》〉となる。八月十五日に行われている、政府主催の全国戦没者慰霊の際、祭壇に建てられた依り代「全国戦没者之霊」は誤りで、「全国戦没者之霊位」と書すべきである。

だから、参拝とは、まず招魂（降神）をし、死者と生者とが出会い、語らい、願う。その後、再び魂は天に帰る（昇神）のである。日本仏教における春・秋の彼岸や盆の当日に行われる先祖供養も同じ論理であり、インド仏教の本質である輪廻転生《りんねてんしょう》とは無関係である。

つまり、靖國参拝とは、霊魂（魂・魄）の存在を認め、その霊魂すなわち魂を招いて出会い、ともに語らうことなのである。

すると、靖國参拝を非難するならば、中国共産党政府は霊魂の存在を認めるということになる。おかしいではないか。共産党は哲学的には唯物論であり、中共はとことん教条主義であるから、霊魂の存在を認めることはできないはずである。

その立場からすれば、靖國参拝に対しては、無視するのが正しい。彼らはそうあるべきである。それだけのことである。

また、宗教は個人の心の問題であって、他者はその人の心の中に立ち入ることはできない。いや、立ち入るべきではない。例えば、平成二十六（二〇一四）年二月五日付毎日新聞は、第一面においてデカデカと、前年十月、故野村秋介《しゅうすけ》（思想団体「大悲会」元会長）の没後二十年記念の追悼文集に寄せた長谷川三千子《みちこ》氏の追悼文中、神の存在を認めていない連中（朝日新聞幹部社員ら）への批判や天皇を現御神《あきつみかみ》とする内容があるとして非難している。

驚いた、毎日新聞の傲慢《ごうまん》そして非礼に。追悼文ではないか。寄稿者は、亡き人との関わりの中で、死者の霊魂を自分の心に招き語らった結果を筆しているのである。一般社会への文ではない。故人への深い想いの表現なのである。それを土足で蹴るような非礼——彼らがいつも言う〈社会の公器である新聞〉のすることなのか。

独善的な中国共産党にしても、その幇間《ほうかん》（たいこもち）である毎日新聞にしても、東北アジアの長い歴史において広がり定着したシャマニズム（儒教がそれを理論化）が分らず大切にしない以上、人々に真に支持されず明日はない。中国や毎日新聞の来たるべき凋落《ちょうらく》がそれだ。古人曰く、祭れば在《いま》すがごとし、と。

〔祖霊を〕祭れば、〔そこに祖霊が〕在《いま》すがごとし。
神々を祭れば、神々在すがごとし。
『論語』八佾《はちいつ》

第二章

見識なきメディア芸者

——勢《いきほ》ひを以《もつ》て交《まじ》はる者は、
勢ひ傾けば、則ち断つ。

家族否定という病——下重暁子の言説

老生、人間ができておらぬ小人ゆえ、他人《ひと》の悪口を言ったり聞いたりするのが大好き。と言うことからであろう、老生に書評をと言う仕事は、まず来ない。常識的には、その本について、二分貶《にぶけな》して、八分《はちぶ》褒めるというあたりが最善の書評。それがまあ正統か。

しかし、老生は世の健全な（つまりは退屈な）教育的な（つまりは洗脳的な）筆運びをしない（つまりはできない）崩れ者なので、書評などさせたりしたら、あぶない、あぶない。それで老生には声がかからないのであろう。

ならばと、いつもの悪い癖で、勝手に書評をいたしたい。もっとも、なんの縁もない本を取りあげることにして、新聞広告からいい加減に選び出した。と言うものの、でかでかと大広告で目に入ったというだけの理由。出版社・著者ともに無縁。もちろん、書店に行って代金は自腹。

その書名は『極上の孤独』、著者は下重暁子《しもじゅうあきこ》。もっともどんな経歴の人か知らなかった。

読了後の感想――駄本、それも天下の駄本と言ってよい。そのわけは以下。

著者の下重某は、同書全般、孤独、孤独と言い続けているが、その経歴上、何の苦労もしていない。それこそ泥の中を這いずり回るような苦しみなど、何もない。社会的にも金銭的にも何の苦労もしていない。それでよく孤独と言えたものだ。

孤独を実感する最大のものは、もちろん絶望である。では下重某はどんな絶望を経験したのかと言うと、たかが失恋である。「十数年惚れぬいた男性との別れが訪れ……タクシーで帰る間……私の目から涙が流れ続けた」と記す。

なんじゃこれはと思った。下重某は、文中、「つれあい」と称し今は別のオッサンと同居している。そのオッサン、気の毒じゃのう。「一生に一度の恋」をした後、別のそのオッサンと同居したはいいが、心はあっち。となると今のオッサンこそ孤独じゃのう。よく同居できるわ。ふつうの神経なら、十年も関係のあった男の話など今の男には〈言わぬが花〉――それが教養と言うものじゃがのう。

さきほどの引用文、その流した涙をこう形容している。「体内にある水分がすべて流れ出たかのように……」と。なんという散文的な描写であることか。生物学の講義みたい。文才はまったくない。こういうときは、例えば『土佐日記』でも引いて、「行く人もとまるも袖の涙川」とかな。

また、下重某、人生の真剣勝負を知らない。「仕事柄、学者にインタビューすることが多かったが、東大をはじめとする優秀な学者には、自分の専門以外、何の話題もなく、つまらぬ人が多かった」と述べる。思わずおいおいと言ったわな。研究者は、その専門に徹することに生命を燃やしているのだ。専門のみを知り、その他は知らない。それこそ真の学者なのである。常に真剣勝負をしているならば、専門以外のことなど知る暇はないわな。テレビを観るがいい。なんとか大学教授と称してあれこれ時の話題を知ったかぶりして言っているのがよくいるが、おそらく研究などしたことのない連中だろう。研究に専念しているならば、ことばを慎むからである。それが教養人である。

と書き出してゆくと、同書と同じくらいの分量の批判となろうから、この辺《あたり》で。

真の絶望をしたことのない者が軽々と絶望について書き、研究者の在りかたが分っていない俗論を書き……それで一丁《いっちょ》上がりのこの種の安物刊行《て》――ところが下重某は日本ペンクラブの副会長とある。同クラブも大したことのない組織と見た。

読了した同書、何の価値も見いだせないので、捨てることにした。今や、一冊でも蔵書から減らすことに専念している終活の老生、書評などという無縁な話に自分から手を出したこと、後悔後悔。

古人曰く、噫《ああ》、斗筲《としょう》の人（小さな器分《うつわぶん》程度の凡才）（に対しては）、何ぞ算《かぞ》ふるに足《た》らん、と。

噫《ああ》、斗筲《としょう》の人、
何ぞ算《かぞ》ふるに足《た》らん。

『論語』子路

漢文知らずの教育勅語論——池上彰の言説

老生、下流老人であるので、週刊誌を買う余裕などない。というわけで、銀行でのロビー活動。と言うのは、A銀行は文春、B銀行は新潮……を置いているのでありがたい。そこで銀行回りロビー活動。下流老人もなかなか忙しい。

さて、その只《ただ》読み文春のコラム「池上彰のそこからですか⁉」（平成二十九年三月三十日号）はひどいものであった。

例の籠池《かごいけ》騒動の原因の一つが教育勅語であった。本誌読者諸公御存知のごとく、籠池幼稚園における教育勅語奉読教育が世に伝えられ、以来、メディアにおいて、教育勅語自体を取りあげる論説が近ごろ目につく。池上某もそれに乗ったのであろう。物知りおじさんはなかなか忙しい。

さて、池上某はこう説く。「教育勅語には文法の間違いがあるという指摘」がある、と。

老生、まず問う。その指摘者の姓名・所属、その発表場所を明示せよ、と。引用する以上、根拠を明らかにするのが論説者の義務である。もしそれができないとすれば、池上自身の所説として批判することとなる。

池上某は、前引勅語の間違いとして「一旦緩急《かんきゅう》アレハ」（あれば）を引く。「緩急」とは、危急、すなわち、さしせまったこと。

この文について、当時の文法では「『未然形＋バ』つまり『アラバ』が正しく、『アレバ』は誤用である」と言う。アラバは未然形、アレバは已然《いぜん》形。そして「一旦緩急あらば」なら「もしも危険のときがあるとするならば」という仮定の意味となり、「一旦緩急あれば」なら「危機は必ず来るから、そのときには」という必然の意味になってしまう、と。

老生、その昔、高校生に漢文を教えていた。彼らから必ず出る質問の一つが、「ば」の場合、接続は未然形か、已然形か、であった。

老生の答えかたには、二種類あった。一つは、古文の立場からである。すなわち、助詞「ば」には、三種のつながりかたがある。例えば「あり」の場合、①「あり」の未然形である「あら」につながって「あらば」となると仮定となり、「もし……であるならば」となる。池上某もそのように述べている。②「あり」の已然形「あれ」につながり「あれば」となると、「……ので」（理由）とか、「……たところ」（契機）を表わす。さらに「ば」が已然形に接続する③の場合がある。それは〈或ることが有ると、いつでもそれに伴《とも》なって、後《あと》のことが起《おこ》ることを「ば」が示す〉という、〈一般条件〉の場合である。例えば「勝てば官軍」「住めば都」、漢文調なら「三人寄れば文殊の知恵」「命長ければ、恥多し」……。

教育勅語の「一旦緩急あれば、義勇公に奉じ」は、近代国家の国民として、外国軍と戦うこと（危急）が起ったときには、当然、戦うという意味であるから、③に相当する。文法として誤まりどころか正しいのである。

生徒の疑問に対するもう一つの答えかたは、漢文の立場からである。すなわち我が国の長い歴史の中で練りあげられた〈訓読〉、中国の古文である漢文を国語で訓《よ》みとってゆく立場からの説明である。訓読では、もちろん未然形で訓《よ》んでいい。例えば「行ないて余裕あらば……」。しかし一般的には、未然形相当のときに已然形で訓《よ》む慣行がある。もちろん、前述の〈一般条件〉の場合も絡《から》む。例えば「学べば則《すなわ》ち固《こ》ならず」「礼に非《あら》ざれば視《み》ることなかれ」「天下　道あれば則ち庶人《しょじん》議せず」……。これらは『論語』からの引用である。

教育勅語は、欧米文化や伝統的漢学に長じた井上毅《こわし》が、一代の漢詩作家であり明治天皇に侍した元《もと》田《だ》永孚《ながざね》に添削を乞い、複数回往復した文書が今に残っている。それについては、故梅渓《うめたに》昇が詳述した業績がある。

井上、元田ともに漢詩漢文の造詣《ぞうけい》の深さでは超一級の人物である。その成果としての名文、教育勅語に対して文法の誤まりの指摘とは、身の程《ほど》知らずの無知チンピラである。

古人曰く、鄙人《ひじん》（世間知らずの愚か者が） 玉璞《ぎょくはく》（まだ磨いていない玉）を得《え》……以《もっ》て人に示すや、人 以て石と為《な》す。因《よ》りて（言われたままに）之《これ》を棄《す》つ、と。

> 鄙人《ひじん》 玉璞《ぎょくはく》を得……以《もっ》て〔他〕人に示すや、
> 人〔それを〕以て石と為《な》す。因《よ》りて之《これ》を棄《す》つ。
>
> 劉安『淮南子《えなんじ》』脩務訓

狭い見識——青木理の言説（その1）

老生、出不精《でぶしょう》。せいぜい近くのうらぶれた喫茶店で安いコーヒーを飲むぐらい。しかし、この種の喫茶店にも思わぬ良いところがある。客が読み捨てた週刊誌が積んであるので、あれこれ読むこととなる。これがおもしろい。自分からは絶対に買わない女性週刊誌、わけの分らない自動車誌、下種《げす》の極《きわ》みの写真誌……と山ほどある。

その中で、月遅れ、いや週遅れの「サンデー毎日」を読んだ。二〇一五年二月一日号とあるから、相当前の古誌である。よくまあ残っていたもの。

ぱらぱら見ているうち、「抵抗の拠点から」というコラムに眼が止った。筆者は青木某。どういう人か知らない。ただ、書いてあることが大まちがいであるので、取りあげてみることにする。

例の韓国慰安婦問題のとき、朝日新聞記者として中心的にリードした植村某の人事すなわち朝日退社後の就職にからんでの話。

大筋はこういうことである。植村某は、退職後、神戸にある某大学の教員となったが、学外からの批判が強く、大学側からの要請を受けて退職した。

その後、北海道にある某大学の教員をしていたが、非常勤（一年契約）であったので、その翌年の契約をさせるなと大学に対して外部からの諸圧力がかかっていた。それを青木某が取りあげてこう論じている。

「当該《とうがい》の教員を辞めさせなければ学生に危害を加えるといった趣旨の脅迫状が送りつけられた。……脅迫というまさに『卑劣』な手段によってジャーナリスト出身の大学教員の身分が脅かされてしまうのは、学問の自由や大学の自治を危機に陥らせると同時に、言論・報道の自由という民主主義社会の根幹を蝕《むしば》みかねない深刻な事態である。／なのにその国のトップは、こうした事態について強い非難のコメントや声明を発していない」と。

珍論である、驚くべき。まず第一は、非常勤講師は一年契約であり、継続するかどうかは大学の判断で決まる。とりわけ、近年、厚労省が五年継続の非常勤講師は正規専任身分にせよという、バカな非正規労働者保護を定めたばかりに、四年継続勤務の非常勤講師は五年目の契約をしてくれずサヨナラだ。そのため、困っている優秀な人がたくさんいる。

一般に、非常勤講師の次年度契約は、大学側が求めなければそれまでである。それに対して非常勤講師側が他者の力を借りて契約を強要するとなれば、大学の自治の否定となる。学生に危害が及ぶ可能性のある人事を大学側が拒否するのは当然である。

大学の自治の本質は〈人事の自治〉である。大学側が主体的に一定の人事決定をしたことに対して、青木某のような外部の者が異を唱え介入するのは、それこそ〈大学の自治〉への侵害なのである。

まして、その人事に対して「その国のトップ」の力を借りようなどと言うのは、まさに大学の自治への介入ではないか。当該大学は、身体を張って自力で意志を貫いてこそ、大学の自治が守られるのである。

にもかかわらず、あろうことか、「その国のトップ」の力を借りようなどという主張は権威主義であり、主体性のない〈お上《かみ》に跪《ひざまず》く〉前近代性を露呈している。なにが「抵抗の拠点から」なものか。嗤《わら》わせる。

左筋は、論理でなくて感情に訴える手法がふつうである。彼らにとって、結論ははじめから決っているから、論理は不要で、その決った結論に他者をどう引きずりこむかという作業になる。その手法として感情〈節《ぶし》〉が最も便利である。

当然、その見識は狭く、全体を見ることなどとてもできはしない。その宣伝文は、読むに堪えない同内容のくりかえしだ。喫茶店の主人に「この週刊誌古いよ」と言うと、「そうですね」と応えてゴミ箱に投げ捨てた。

古人曰く、子《し》（あなたの意見）はすなはち規規然《ききぜん》（小さい小さい）……是《こ》れ直《ただ》に（どんぴしゃり）管《くだ》（の小さな穴）を用《もつ》て天（の広さ）を闚《うかが》ひ（計り）、錐《きり》を用て地を指す（計る）なり、と。

> 子《し》はすなはち規規然《ききぜん》……
> 是《こ》れ直《ただ》に管《くだ》を用《もつ》て天を闚《うかが》ひ、
> 錐《きり》を用て地を指すなり。
>
> 『荘子』秋水

不徹底な主張――青木理の言説(その2)

老生、時代遅れのガラパゴス人間。スマホなし、パソコンなし。すでに足は棺桶に突っこんでいるものの、この世には未練たっぷり、首から上だけは、まだ空中にあり。されば、できることはただ一つ、すなわち空中を通じて人の悪口を言うことじゃ。

ということで、パラリ毎日新聞をめくると、青木理《おさむ》の「理の眼」というコラムが目に入った(平成三十年八月一日付大阪夕刊)。

過日のオウム真理教一統の死刑執行をテーマに書いておったわ。なんと、死刑執行は「人殺し」であり、日本人全員がそれを執行したことになる、と。

思わず大阪弁が出た、アホとちゃうか、このオッサン、と。日本は法治国家であり、その法治を維持するための巨大官僚機構を持っている。そして各部署で法の厳正な執行をしているからこそ、安定した国家となっているのである。

死刑執行に直接関わる刑務官は、その執行時はつらい気持ちになるであろう。しかし、それは断じて「人殺し」ではない。日本国の法秩序を維持する崇高な任務の遂行なのである。死刑を執行する刑務官に対して、日本国民は崇敬と感謝の気持ちとを抱いている。

にもかかわらず、青木某は、取材した元刑務官が「所詮は人殺しだから」と発したことばだけを元にして死刑について考え、拡大解釈して日本人全員が「人殺し」をしているというふうな話を造り出している。

ならば、それも良し、〈日本人全員が人殺し〉の論理をさらに展開するかと思えば、然《さ》にあらず、なんと取《と》って附《つ》けたように、他人の生命を奪った死刑囚は死をもって償うべきという〈理屈〉が跳ね返ってきて「僕たちに突き刺さります。それが死刑という刑罰の矛盾なのです」と結ぶ。

何や、このオッサン、死刑廃止かい、いやそのままなんかい、ドッチャネン（どちらなのか）、という大阪弁がまた出た。

この論脈、これは日本の安物インテリの文章の典型である。だれが何と言おうと、自分の意見（死刑廃止）はこうだと貫ぬく姿勢がない。青木某のコラムの論調からすれば、死刑廃止の主張であるべきなのに、それを徹底しない。多分、なにかに怯《おび》えて、死刑支持もありとし、その両者（死刑廃止・死刑支持）を並べて〈矛盾〉と他人事《ひとごと》のようなことばで結んでいる。

そこには、主体というものがない。在るものは、フワフワとしたことば遊びであり、死刑廃止派であるにもかかわらず、毎日新聞読者中の大量の死刑支持者の御機嫌を取っての文章となっている。

あえて言えば、新聞読者中の死刑支持者の強烈な批判、延《ひ》いては、コラム担当罷免《ひめん》の憂《う》き目を見ぬよう、忖度《そんたく》したか。

どちらにしても腰が引けておる。矛盾があるならばあるとして、ではどうすべきかを堂堂と述べてこそ、物書きというものであろう。

と書いてきて、ふと思った。青木某にはもともと死刑についての自己の独自の意見というようなものはなかったのではないか、と。

もしあるのであれば、オウム真理教幹部の大量死刑執行という、いわば時事種を介して自己の意見をとことん述べることができたではないか。

しかし、徹底して死刑廃止を述べることをしないでいる。もし死刑反対、すなわちオウム真理教幹部の死刑反対を叫ぶとするならば、おそらく青木某は、オウム一派に由《よ》る被害者たち（もちろん死者を含む）の遺族・諸関係者から徹底批判を受けることになるであろう。

その厳しさに青木某は耐えられるであろうか。老生、疑問に思っている。
要は、その時の強い者の尻馬に乗るという姿勢が見え見えなのである。そういう柔《やわ》な精神でジャーナリストが務まるのか。ま、三流どころなら仕方ないのう。
古人曰く、勢ひ《いきほ》（相手の権勢）を以《もつ》て交《まじ》はる者は、勢ひ傾けば、則ち断つ（逃げ出す）、と。

勢ひ《いきほ》を以《もつ》て交《まじ》はる者は、
勢ひ傾けば、則ち断つ。

『文中子』礼楽

教条主義左翼の浪花節——青木理・藻谷浩介の言説

老生、世捨て人になる一歩手前にいるので、まだまだ浮世に目が離せないでいる。結果、いわゆる岡目八目《おかめはちもく》。囲碁・将棋の勝負は、そばで見ていると指し手の手筋がよく見える、あの感じの日々である。

例えば、青木某のコラム「理の眼」(毎日新聞・平成二十八年十月二十五日付大阪夕刊)。こう書いている。過日、沖縄における機動隊員が、米軍へリパッド建設の強行に抗議する住民らに「このボケ、土人が」とか「黙れコラ、シナ人」と言ったのはヘイト行為とし、「抗議の住民らは別に何の後盾《うしろだて》もない一般市民。……機動隊は国家権力をバックにした強大な実力組織……実力組織の側が……本音をむき出しにすれば、市民の自由な意思表示は萎縮《いしゅく》しかねません」と。

これは、青木某の独自の意見でもなんでもない。民衆は常に正しく、政府は常に悪い。しかも民衆は弱者で、権力者は強者。民衆の正義と発言の自由とは、常に悪人に弾圧され、圧殺される……といった、お涙頂戴《ちょうだい》の左翼浪花節《なにわぶし》である。老生、成人以来六十年、もう聞き飽いた。自分の頭で個別具体的に独創的見解を出す能力のない連中は、なんとやらの〈権威〉にしがみつきぶらさがり、千篇一律《せんぺんいちりつ》の空虚な左節《ひだりぶし》を一節《ひとふし》というところ。

朝日新聞の章ですでに引用したが、あえてもう一度言えば、米軍への「ヤンキーゴーホーム」のヤンキー、警察への「権力の犬」の犬は、「土人・シナ人」と同様の差別語ではないのか。「このボケ、ヤンキーが」「黙れコラ、犬」は許されることを説明してみよ。できないではないか。

このような安物の左筋と同類が、藻谷《もたに》某のコラム「時代の風」(毎日新聞、平成二十八年十月二十三日付)である。こう言う、〈資本主義の反対語は社会主義や共産主義だけではない。身分制度を前提とした封建主義こそ本来の対置概念である。稼いだ本人が貯金して消費するのは資本主義社会では当然の権利だが、財産を相続人に丸ごと残す権利を認めるというのは、資本主義の中に残った封建思想だ。相続財産は……「タダ飯」であり……「働かざる者食うべからず」というモラルが崩壊する〉と。

初歩的疑問――ふつう〈貯金〉はゆうちょ銀行に預ける財産のこと。すると、一般金融機関に預ける〈預金〉は不問となる。ホーッ、そしたら預金の行方はどうなりますんや。

筆者はエコノミストとのこと。いや、ご立派。

本質的疑問――「主義」とは、立場ひいては生きかたのことであり、それが特定の制度となって現われるのではないのか。

日本の場合、荘園制・封建制という〈制度〉の形となっているが、その奥に厳として一貫してきた生きかたは、一族主義・家族主義であった。明治以後も実はそうなのである。戦後、個人主義を強制された結果、自律・自立・自己責任を負う個人主義者は生まれず、圧倒的多数が利己主義者となった。しかし、底流には依然として家族主義がある。

特に江戸時代以来、家族を守る、家を保つという生きかたをしてきたのが日本人である。いや、一族主義・家族主義の理論は儒教が担《にな》ったので、中国・朝鮮そして日本の儒教文化圏は、同様なのである。

例えば江戸時代、商家の主人はその家のために財産を蓄積し、一族はそこを拠りどころとした。明治以後も、多くの株式会社はオーナー経営であり、利益は株主への還元（つまりは配当）よりも、内部留保（つまりは会社の財産）を優先してきた。だからこそ日本の会社は一般的に安定しているのである。社員も自社を自分の拠りどころとする、一族的感覚なのである。もちろん、一般的過程も含めて、諸後継者にはその道徳があり、「タダ飯」感覚ではない。

藻谷某は〈日本の封建主義〉の本質がまったく分っていない。ただ教科書的左節《ひだりぶし》を唸《うな》っているだけである。

古人曰く、言 実《じつ》を貴《たっと》べば、人をして之《これ》（言のこと）を信ぜしむ。実を舍《お》きて（離れて）、何ぞ称《かな》はん（符合する）や、と。

> 言《げん》 実《じつ》を貴《たっと》べば、人をして之《これ》を信ぜしむ。
> 実を舍《お》きて、何ぞ称《かな》はんや。
>
> 伝 孔鮒《こうふ》『孔叢子《くぞうし》』記義

リベラル中毒——藻谷浩介の言説

老生、無学な上に呆け老人と化しているので、偉い人のおっしゃること、よく分らない。そこで一手、御指南を得たい。

藻谷浩介《もたにこうすけ》「権威主義が育む不正——蔓延する排外思想」（毎日新聞平成二十九年三月五日付コラム「時代の風」）の所説である。

藻谷某は、縷縷《るる》として、と言えば聞こえは良いが、要するに話があっち飛びこっち飛びして、悪口を山ほど述べたあと、「そういう連中を横目にして筆者は、消去法で考えてリベラルにならざるを得ない」と言う。同稿の結論でもある。

とあれば、借問《しやくもん》す。その「リベラルになる」とやらは、生きかたとして「リベラリズムに依る」の意なるや、と。

もしそうであるならば、そのリベラリズムとは、いったいいかなるものか、しかと御教示を乞う。

老生、藻谷某の言うリベラリズムの意味が分らない。もちろん、文字面《づら》の一通りの意味は分るが、藻谷某がその精密な概念を提示しないかぎり、分らないのであるから、はいそうですかと従うわけにはいかない。

しかし、藻谷稿には、リベラリズムの概念の提示は一切なく、論の体をなしていない。AKB48なるもののごとく、短いスカートで素股をチラチラ見せて気を引いて、最後に、ハイ、ポーズでお仕舞、みたいなもの。そうか、そう歌って踊ってなんぼのものか。

藻谷某は、政権担当者について、こう述べている。「もともとお金や権力に汚いタイプが、ご都合主義で権威主義者になるケースも多い。……他人に道徳を説きつつ自分はお金や権力を求めるタイプの、早い話が言行不一致の人間に、すり寄られ利用されるリスク〈がある〉……日本の現政権も、権威主義的な道徳観を強調する面々によって構成され支えられている……仮に彼らが清い信念で動いているとしても、そこにすり寄ってうまい汁を吸おうとする連中も増え……今般……国有地を破格の安値で手に入れておいて開き直るような人間が表に出てきたのは……必然的だったのではないか」と。

要するに、現政権は利己主義的で、そこへまた利己主義者が集まってきている。しかし自分〈藻谷某〉は、少年時代、吉田松陰が私心を論難し、公《おおやけ》を説く者には私心があってはならないと説いたことを学んだと自画自賛している。

同じ山口県出身でも安倍首相とは格が違うとする、神様のような物言いである。ならば、改めて借問す。御主《おぬし》（この語、「御」の字を使っているが、「おまえ」の意。念のため）は、自分は、吉田松陰の言うような、私心なき者すなわち利己主義者でないと断言するのか。そう断言せざるをえまい。

となると、問う。御主の肩書きに依ればどこやら研究所の労働者。きちんと正式に給料を得ているのであろう。とすれば、毎日新聞に寄稿した原稿料はどうなるのか。それは己れの懐に入れず、〈私心〉を捨てて、しかるべきところに寄附しているのか。おそらくしていまい。となると、御主もまた勤務外のアルバイトをする利己主義者ではないのか。

他人の利己主義を批難・非難するのならば、まずは己れが利己主義者でないことを、口先だけではなくて、実行すべきである。

利己主義――これは生物の本能であるから、基本的には正しい。しかし、集団生活をするわれわれ人間は、この利己主義と社会性との相剋《そうこく》という人類最大の難問に苦しみ悩み続けてきたのであって、その解決方法について、いまだに正解はない。

そういう大難問に対して、いとも簡単に〈利己主義だめ〉と言うその態度は、藻谷某のすべてを表わしている。軽いのである。それがリベラリズムというものであろうか。
そういう安っぽい自己本位、自慢の手前味噌では、だれもそのことばを信じないこと、お分りかな。
古人曰く、士　自《みずか》ら〔己れの〕弁を誉《ほ》*むれば、〔他者に〕信ぜられず、と。

*誉「挙《あぐる》」とも。

鄙諺《ひげん》（ことわざ）に……
士〔たる者が〕自《みずか》ら〔己れの〕弁を誉《ほ》むれば、
〔他者に〕信ぜられず、と。
『韓非子』説林下

恣意的なのはどちらか――柳田邦男の言説

テレビやインターネット全盛の現代では、新聞のニュースにスピード感がなくなってしまった。描写力においても、新聞の動かぬ写真は動く映像に勝てない。となると、なにかテーマを決めて、それを深掘りする特集とか、詳しい立体的情報提供とかといった、テレビやインターネットではできない領域などで生きてゆくほかあるまい。そういう領域の一つに、論説・論評があるが、その筆者に有識者なる者がよく登場する。しかし頼りなくて観念的、なんの独創性もない代物《しろもの》が多い。

例えば、柳田邦男「深呼吸」欄〈「国家の危機」言葉の恣意《しい》的操作〉(毎日新聞平成二十九年二月二十五日付)がそれ。

話はこうである。ＰＫＯすなわち国連平和維持活動として、日本は陸上自衛隊を南スーダンに派遣した。その同隊からの報告中、「戦闘」ということばが記されていたことをめぐっての批判である。

第一点。南スーダン政府軍と反政府勢力との間で発生した「戦闘」の報告があった。それは「海外での武力行使を禁じた憲法九条の規定に反するのではないか」と。

第二点。防衛省が報告中の「戦闘」ということばを公的には使わず、「武力衝突」ということばを使っているのは「憲法九条違反にならないように、法的な意味での『戦闘』の範囲について線引きをして、問題なしとしてしまう思考形態だ」と。

この批判、老生、よく分らない。と言うのは、柳田某は「戦闘」をすぐさま「戦争」と理解しているからである。おそらく「戦闘」という語中に「戦」字があるので、それを「戦争」に結びつけたのであろう。

この単純連想でゆくならば、例えば「奮戦・戦意・戦術・戦略」あるいは「暗闘・苦闘・死闘・闘争」は、常に戦争状態を意味することになるのか。そんなことはない。

根本的に言えば、例えば「地震・読書」の場合、「地　震《ふる》う」は主語・述語の構文、「書を読む」は述語・目的語の構文、すなわち文であって、そこからしぜんと熟語となった。いわば、熟語の前段階である。

一方、それぞれ「あつまる」という意味の「集」と「合」とを意図的に併せて「集合」と作り、両者の共通概念に由《よ》って「あつまる」という意味を作為的に確定する。この種の熟語を連文と言う。

すると、「戦」と「闘」との共通概念「たたかう」ことをしかと表わして作った「戦闘」という連文は、要するに「戦・闘」両者を合わせて「たたかう」の意であって、「戦」だけを抜き出してすぐ〈戦争〉に持ってゆくのは筋違い。

仮に抜き出したとしても、「たたかう」には、さまざまな意味がある。例えば、大東亜戦争の場合はA〈国家意志に基づく戦闘〉になるが、国連平和維持活動として南スーダンに派遣された日本自衛隊の場合、日本国の国家意志に基づく戦闘はあり得ず、現地の武力衝突（あるいは内戦）に起因するB〈正当防衛としての戦闘〉である。とすれば、まず、Bがどういうわけで A すなわち戦争となるのか、説明してみよ。できないではないか。

にもかかわらず、柳田某は「憲法九条違反の批判をそらすために言葉を操ることで『問題なし』としていく、国の中枢の観念論的発想と建前主義」と勝手に問題を抽象化し、飛躍してなんとこう結論する。「これは先の大戦で、日本の陸海軍における戦争の前線からの苦渋に満ちた報告と中枢部の観念的戦略・戦術思想のずれが、破局につながったという構図に相似するではないか」と。

これでは足が地に着いていない。ひたすら己れの思いこみの独善的世界に進むばかりである。論理展開ではなくて、妄想自慰に終っている。その調子だから、物を見る目が曇り、「言葉を恣意的に操作する政治姿勢」と言う。しかしそれは自分のことだろう。

古人曰く、古《いにしえ》の愚や直《ちょく》（愚直）、今の愚や詐《たばかる》（人をだます）のみ、と。

古《いにしえ》の愚や、直《ちょく》。
今の愚や、詐《たばかる》のみ。

『論語』陽貨

表面しか見ない——荻原博子・鈴木賀津彦・木下斉の言説

老生、好きな句の一つが「酔眼朦朧《すいがんもうろう》」——大酒を呑み、いや小酒でも良し、要は酔郷《すいきょう》、酔境、酔狂の気分。となると、本音で〈もの・ひと〉を見ることとなる。もっとも、焦点いささか宙に浮きはするが、地にも着きつつ。

身近、手近なところ、荻原《おぎわら》某のコラム「家計防衛術」(産経新聞平成二十八年二月一日付)を読んで思った。所詮は数字いじりと。

同文の大要は、大学進学後の学費が心配という親に対して、奨学金、特に返済不要のそれの紹介である。

老生、もうこれで失望。と言うのは、奨学金とは、本来、経済的事情で進学できない優秀な人材を社会が支援する方法なのである。いくら大学進学を希望しても、〈凡くら〉に奨学金を出す必要は、まったくない。そこのところ、荻原某は分っていない。

と述べると、もう眼に浮かぶ、お前の議論は教育の機会均等の精神に反すると言って逆上し、怒り狂う人々の顔が。

例えば、東京新聞の「応答室だより」（同年一月四日付）がそれ。担当者、鈴木某はこう書いている。貸与でなく給付型奨学金の制度整備を求める読者の意見が多数であり、高額な大学の学費を改善しないと〈憲法二六条が定める「教育を受ける権利保障」（原文ママ）にならない〉と嘆く声も目立ったと。

なにをおっしゃいますやら。憲法同条はこう書いている。「すべて国民は……その能力に応じて、ひとしく教育を受ける権利を有する」と。すなわち「その能力に応じて」の上級学校進学ではないのか。凡くらが上級学校へ進みたいと言うのは、アンタの勝手ということなのであって、貴重な限られた奨学金を凡くらにまでばらまく必要は、まったくない。貧しい、しかし優秀な人材を援助するのが奨学金なのであって、その返済については、別問題なのである。

引用した東京新聞など、これまで見たこともなかったが、先日の上京時、たまたま読んだ。物の見かたが一方的で浅薄。

『ウェッジ』同年一月号の木下某（経済評論家？）の文もまた同様。

論者はふるさと納税に対して、それを受けた自治体が、その額の何割かを使って返礼品を送るシステムを批判している。

すなわち、自分の住む地域へ納めるべき税を他の自治体へ納めるため、住んでいる地域の税収が減るとか、高額所得者ほどふるさと納税が多く、当然、返礼品が多いので、税の公平性の視点からしても歪《ゆが》んでいる、と。

この批判、まちがい。老生もふるさと納税しているが、全額が所得控除にはならない。一定金額までなのでその範囲内に抑えている。

老生は大阪市民なので、ふるさと納税分金額に対する税は、大阪市としては減収。しかし、ふるさと納税受け入れ先は税収増（返礼品代金は除く）となるので、地方がそれですこしでも活性化すれば、それでよいではないか、日本全体として見れば。

経験上、寄付額の半額相当分が返礼品。各地からの返礼品は、われわれ老夫婦のささやかな楽しみ。そして、相手の対応等でレベルがよく分る。だめな自治体には二度と納税しない。自治体への厳しい評価ともなる。

と言うと、ふるさと納税は地域活性化のためなのであって、返礼品を求めるべきでないと叱る者がいる。

何を言う。小学校の優等生発言のごとし。キリスト教徒のような、見返りを求めない無償の寄付を、日本人はしない。例えば、神社の玉垣を見よ。必ず氏名入り。そういう見返りがあっての寄進である。日本人の文化感覚として正常なのである。そういう文化感覚までを深く見透《みとお》してから論評せよ。表面だけを見ての議論は、もう聞き飽きた。いやしくも筆を執る者は古人の言を心得よ。

古人曰く、信言《しんげん》は美《び》ならず、美言《びげん》は信《しん》ならず、と。

> 信言《しんげん》（中身あることば）は美《び》ならず、
> 美言《びげん》（飾られたことば）は信《しん》ならず。
>
> 『老子』八十一章

自称「教養人」の虚像——出口治明の言説

先日、医院で診察を待つ間、置いてあった雑誌をあれこれめくっていたところ、仰天する記事に出会った。

出口治明《でぐちはるあき》なる人物が担当するコラム「悩み事の出口」(『PRESIDENT』平成二十八年十一月十四日号)である。

このコラムは問答形式だが、おそらく筆者の自問自答。中身はいわゆる人生相談のようであるが、今回、取りあげられていた相談事とは、こうである。

「親の借金が発覚しました。今の給与では返済できずに困り果てています」と。よくある話である。

それに対して、出口某は「借金を返済できなければ自己破産」と答え、まずは借金の帳消しを言い、「命までは取られません」と述べる。ここまではまあ常識的な話。

しかしこの後に続く話には唖然《あぜん》とした。相談者は、破産後の親の生活費が心配でいくらかの仕送りの必要があると言うのに対して、こう回答している。原文通り記す。〈「自分のご飯は自分で食べる」というのが、人間が大人として自立する大原則ですから、無理に親の生活費を仕送りする必要はありません〉と。これ、本気で書いているのか。

この回答を聞いた質問者が、「育ててもらった」という恩は感じなくていいのかと問うと、〈動物は親に育ててもらっても、巣を出たら知らん顔でしょう。それが自然界の姿です〉と答えている。

質問者は〈でも、日本では「親孝行」が善い行いとされていますよね〉と問うと、なんとこう答えている。〈学者に言わせれば、それは人為的につくり出された家族に関する虚像です〉と来た。

出口某の思考の究極は、社会主義に行きつき、こう結ぶ。〈クールに言えば、生活に困ったら公的保障もあるわけです。どうしても自立できない人は社会全体で面倒を見るべきで、家族が苦労するべきではありません〉と。

出口某にまず問う。我が国の民法を読んだことがあるのかと。そこにこう記されている。

第七三〇条　直系血族及び同居の親族は、互いに扶《たす》け合わなければならない。

第八七七条第一項　直系血族及び兄弟姉妹は、互いに扶養をする義務がある。

国民は、法を遵守しなければならない。〈親孝行〉道徳とは別の規範であるが、この法律上の義務を果たさなくとも良いという論理を明晰《めいせき》に示してみよ。できないではないか。

次に問う。出口某は「学者に言わせれば」と明記し論拠としている。では、その「学者」の氏名ならびにその人物の発言した文献を明記せよ。自分が拠りどころとする以上、その責任がある。もし示せないならば、出口発言自体が〈虚像〉である。

老生がなぜこのように厳しく問うのか、その最大理由は、〈孝〉問題は老生の生涯を賭《か》けて研究してきたテーマだからである。

その成果は『孝研究』（研文出版）に収められている。大筋は〈孝には道徳性とともに宗教性がある。その宗教性とは何か〉の研究である。この研究の本質を分りやすく述べた拙著が『儒教とは何か』（中公新書）、『沈黙の宗教——儒教』（ちくま学芸文庫）である。さらに、もっと分りやすく述べているのは最近刊の『大人のための儒教塾』（中公新書ラクレ）である。

現在では、いやしくも〈孝〉について責任ある発言をしようとするならば、前記拙著を読破した上でなければ通用しない。それほどの自信を持っている加地学説なのである。

孝は虚像であり、親の世話をしなくてよい、社会が面倒を見ると嘯《うそぶ》く出口某の略歴がこう記されている。固有名詞は省略するが日本有数の巨大生命保険の管理職を経て、現在六十八歳、某生命保険の会長と。

いわゆる世のエリートである。難関大学とやらも経ている。そしてあちこちで教養を教養をとわめいている。しかし、その所説は無知で野卑《やひ》。見識などまったく見られない。これが世の教養人なるものなのか。哀れよのう。

古人曰く、賢を行《おこな》はんとして、自ら賢とするの心を去らば、いづくんぞ往《ゆ》きて（どういう場合でも）美ならざらんや、と。

賢を行《おこな》はんとして、自ら〔を〕賢とするの心を去らば、
いづくんぞ往《ゆ》きて美ならざらんや。

『韓非子』説林上

儒教知らずインテリの典型——柄谷行人の言説

老生、午睡《ごすい》のあと、朦朧《もうろう》とした頭でその辺《あた》りにある新しく届いた雑誌を散見していた。と言っても、大半はサービスで送ってくれた出版社の無料宣伝誌。

この種《て》の雑誌は、本についてとかくヨイショ、ヨイショの大声援。以前、そんなにすごい本かと買ってみたところ、鼻紙にもならぬ駄作だった。以来、割引き、まあ五割引きで目を通すことにしてきた。それで十分。

もっとも、自社刊の書籍の宣伝ばかりではなくて、随筆的なものもあるので、それはそれなりに、おもしろいものも、学ぶべきものもある。それは認める。

さりながら、『図書』（岩波書店）二〇一六年七月号所載の、柄谷行人「固有信仰と普遍宗教」なる一文はひどかった。

柄谷某は、こう述べる。「儒教では、親孝行が説かれ、天（超越者）を敬うことが説かれる。しかし、それらが本来、祖霊の信仰に根ざしていることは明示されないし、深く考えられていない」と。

ええ――と驚ろき、次いで、小僧、何を言う――というのが、老生の率直な感想であった。

儒教には、少なくとも十三種の基本文献があり、これらに関する厖大《ぼうだい》な諸注釈がその背後に控えている。それらを扱うのは、専門の中国古典学研究者――取り分け中国哲学研究者である。現代中国研究者では無理。

しかし、近世以降、右の基本文献から選出した四書《ししょ》（大学・中庸・論語・孟子）は基本中の基本として、いやしくも学に志す者は、その本文（注解は別）を必ず読み、文意を心得た。我が国においても、戦前までそうであった。残念ながら、戦後においては、その作法が崩れてしまったので、四書は遠い昔の物語となってしまっている。そのため、〈儒教についての無知なインテリ〉の氾濫《はんらん》となった。気の毒なそういう一人が柄谷某である。

『中庸』第十九章「武王・周公はそれ達孝《たっこう》。それ孝は、……春秋〔において〕その祖廟を脩《おさ》め、その宗器《そうき》を陳《つら》ね……その礼を行ひ……死〔者〕に事《つか》ふること生〔者に〕事ふるがごとく、亡に事ふるや〔今、そこに〕存するに事ふるがごとくするは、孝の至りなり」。『論語』為政「〔孝とは親が〕生けるときは之《これ》に事《つか》ふるに礼を以《もっ》てし、〔死後に〕之を祭るに礼を以てす」。

『孟子』離婁《りろう》上「不孝に三有り。後《あと》（子孫）なき〔ため、祖祭を絶つ〕を大なりとなす」。

この引用が示すように、四書の内、『中庸』・『論語』・『孟子』の三点に、しかと〈親孝行と祖霊の信仰と〉の密接な関係が〈明示〉されているではないか。柄谷は四書を読んだことがないことを自白したも同然。

右に引用したような文など、かつてはだれでも暗誦して共通の教養としていた。いや、これらなど序の口。前記の、儒教の本格的基本文献から、祖先祭祀と孝とが連関する文を山ほど抜き出せる。

そのような諸文献を骨格として孝・祖先祭祀を軸とする儒教の宗教性を示したのが、前引の拙著『儒教とは何か』（中公新書）・『沈黙の宗教――儒教』（ちくま学芸文庫）である。まずはこの両著を読んでから、儒教についてものを言え。

また柄谷某が「仏教が祖霊信仰を受け入れた例は、何よりもお盆の風習に見られる」と言うに至っては、仏教についても無知をさらけ出している。

中国に伝来したインド仏教は中国で生き延《の》びてゆくため、中国仏教として中国人向け仏典を大量に作り出した。それも儒教に合わせたものが多い。その種の中国仏典を「偽経」

と言う。インド仏教とは別ものの偽作である。その例が、お盆について説く『盂蘭盆経《うらぼんきょう》』であり、孝に関連づける『父母《ぶも》恩重経』である。インド仏教と中国仏教と日本仏教とが、それぞれ別物であることは、仏教学学習における一丁目一番地ではないか。

なお柄谷某や多くの宗教関係発言者は柳田國男著『先祖の話』を金科玉条《きんかぎょくじょう》としているが、同著が権威も説得力も持たないのは、儒教の祖霊観に一言も触れていないからである。

古人曰く、言ふべきに匪《あら》ずんば、言ふこと勿《なか》れ（してはいけない）。由《したが》ふ（道理に合ったこと）べきに匪ずんば、語《つ》ぐ（告ぐ）こと勿れ、と。

言ふべきに匪《あら》ずんば、言ふこと勿《なか》れ。
由《したが》ふべきに匪ずんば、語《つ》ぐこと勿れ。

『詩経』賓之初筵《ひんししょえん》

第三章

筋を通せ

——三軍《さんぐん》も帥《すい》を奪ふべきなり。
匹夫《ひっぷ》も志を奪ふべからざるなり。

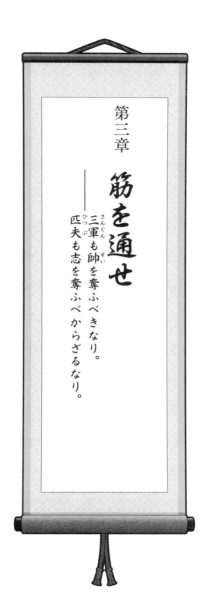

年号に西暦強要は憲法違反

平成二十九（二〇一七）年は特に暑かった。これは諸氏御同様。しかし、いくら暑いとぼやいていても、もう秋。秋になると夏はもはや昔の話。

という日々の中、九月三日、秋篠宮家の眞子内親王の婚約発表があり、テレビを通じてその記者会見の報道があった。

慶事である。老生ごとき庶民は、心中ひたすらよかった、よかったという気持であったが、一個所だけ、どうしても賛成できない個所があった。

それは、お相手の小室圭《けい》氏との出会いはいつかという報道側のミーハー的な質問に対して、「二〇一二年のこと……」とお答えなさった点である。すなわち公的な場所で西暦でお答えなさったのである。

これには、老生、ショックを受けた。そのあと別内容の質問であったか、小室氏の答弁中に「二〇一三年……」とあったが、それに対して、老生、何の違和感もなかった。小室氏は庶民にすぎないからである。

しかし、眞子内親王は、皇族である。ふつうは、皇族のみならず、日本人としては、一般人においても、公的には年号を使うのが正式である。にもかかわらず、公的な場所で西暦を御使用になられたことに対して、非常な違和感を覚えた。

実は、閣僚の答弁においても、近ごろ、西暦を使う者がいる。質問に立った野党議員、とりわけ共産党系などの質問において西暦を使うことが多いが、政権担当側閣僚までが（一部であるが）西暦を使うとは、自覚が足りない。

平成二十九年八月七日付の朝日新聞社説の題は、「元号と公文書　西暦併記の義務づけを」であった。

その主張は同社説の原文「人々の便宜を考え、公的機関の文書について、元号と西暦双方の記載の義務づけを検討するよう求めたい」に尽きる。それも一つには「国際化の進展に伴い」だからと言う。

読了後、老生、感じたことは、冗談も休み休み言え、であった。なぜか。

西暦とは、キリスト教暦のことである、という根元的視点が欠けているからである。キリスト教では、イエスが誕生した年（事実は確定していない。現在の西暦の前四年ごろの誕生と推定されている）を元年としての暦、すなわち宗教暦の一つにすぎないのである。

と言うのは、イスラム教にはイスラム暦（西暦で言えば六二二年から始まる）、ユダヤ教にはユダヤ暦（西暦で言えば前三七六一年から始まる）がある。

この三教は、今も血みどろの対立の渦中にある。その最中《さなか》に、朝日新聞の説に従がい、西暦すなわちキリスト教暦を公式に採用したとするならば、イスラム教徒からすれば、日本国が、反イスラムの意思を、昔においてではなく、今この時にわざわざ示したことになるではないか。それを理由にしてのテロ行為が絶対に起らないと断言できるのか。もし起った時、その責任は誰が取るのか。

さらに言えば、老生は真言宗信者であり、キリスト教徒ではない。にもかかわらず、西暦を法的に強要されるとすれば、それは〈信教の自由〉に反するではないか。もちろん、例えば、出版社には、慣行や内部規定により、年号を西暦にしているところもある。その場合は、老生、その規定に従がっている。それは契約上の問題であって、思想信条や信教の問題ではない。そういうような場合などは例外として、一般的には、老生、年号を使っている。それは、老生の美意識ともなっている。のみならず、もし政府が西暦化に定めたならば、信教の自由の否定という憲法違反として訴訟する覚悟である。

東北アジアという歴史ある地域では、国家は誇りをもって自国の歴史を示すことを貫いている。例えば、台湾に存在する中華民国は、西暦一九一一年の辛亥革命後、翌年に成立したので、その年を民国元年として、以来、「民国」を年号とする歴史を貫ぬき、暦としている。大陸の中華人民共和国は始めから西暦を用い、自国の年号は持っていない。ソ連の西暦使用に従ったのかもしれない。建国に誇りがないということであろう。ひょっとすれば、中国共産党のキリスト教化でもあろう。

古人曰く、是《こ》の役《えき》（戦い、ここでは西暦化との闘いの意）においてや、獲《う》る所〔西暦化は〕、亡《うし》なふ所〔元号廃止〕に如《し》かず（及ばない）、と。

> 是《こ》の役《えき》においてや、
> 獲《う》る所〔は〕、亡《うし》なふ所に如《し》かず。
>
> 『春秋左氏伝』襄公三年

議事録とは何か

老生、相《あ》い変《かわ》らずビールを愛飲しつつの引き籠《こも》り中であるが、それだけ分、逆に世の中のことが能《よ》く見える。

ついこの間まで、森友学園理事長の籠池某は、メディアが作った正義の味方であったが、今や司直の手によって詐欺容疑の犯罪人となりつつある。夢幻《ゆめまぼろし》の虚構の犠牲者、哀れと言うべきか、諸行無常の響《ひびき》あり。

と、なにやら平家物語調となりつつあるが、メディアに現われる彼の顔つきには、そのような情緒は見えず、プルンとしておるわ。

それで話は終りと言えば、それまでであるが、そうはゆかぬ。と言うのは、メディアが中心となって使っていることばに、老生、抵抗を感じているからである。

その最たるものが、「議事録」ということばである。

すなわち、文科省のみならず防衛省に対して、議事録がどうのこうのとメディア、いや国会までもが大きく取りあげているが、老生の理解を越えている場合が多い。

と言うのも、老生、かつて国家公務員として、文部省管轄下の国立大学に勤務し、いわゆる役所仕事に三十年従事してきたので、当然、役所のルールを知っている。そのルールから外《そ》れた意味で、「議事録」ということばが使われている。

「議事録」とは何か。

いわゆる役所には、必ず公的会議がある。大学であるならば、各学部には教授会を筆頭にして、各種の委員会がある。一方、各学部の上に、各学部代表が評議員として出席する評議会があり、最高の意思決定機関となっていた。近ごろは組織変りであるが。

こうした諸会議においては、必ず議事録案が作られ、次回の同会議において承認が求められる。そのとき、その文面に対して、修正を求める意見があれば、議してそのようにする。というような審議を経て「前回の議事録の承認」が行なわれるのである。

すなわち、会合の結果に対して、次回、その議事内容についての承認が行なわれてはじめて議事録の成立となるのであり、その後、公的文書となる。

つまり、正式の会議以外の略式会合においては、特に定めないかぎり、その会合に関する公的な議事録など存在しないのである。ただし、出席者の了解とか、継続検討といった結果は生じる。しかしそれは、口頭上の意見であるから、厳密な文書や語句などはなく、出席者の、良心的、常識的意見共有――時には、人によってはメモをするかもしれないが、それは出席者の共有認識物でもなんでもない。個人の私的文書にすぎず、絶対に「議事録」ではない。まして、公文書ではない。

にもかかわらず、近ごろの議論では、私的メモ、私的文書を、いつのまにやら、勝手に公文書として、あまつさえ、「議事録」と称している。それは誤まりであるのみならず、〈詐称〉ではないのか。そのようなことを役所（国会もその一つ）で平然と口にするなど、誤まりであるのみならず、異様である。それは、あえて言えば、人を陥《おとしい》れる詐偽《さぎ》（詐欺とは別）、すなわち偽《いつ》わり欺むく悪質な言動である。

「議事録」の正式な意味も知らず（知っていてもわざと惚《ぼ》けてか）、公文書の意味も分らず、議論しているのをテレビで見ていて、これが立法機関メンバーの水準とは情けない。基本が分っていない。

にもかかわらず、議事録、議事録と言い続けることに由《よ》って、議事録が存在するようなイメージ作りに成功している。世上の大半の人は、議事録とは何であるか、と問われても知らないことにつけこんでいる。そして単なる私的メモに対してまで議事録であるかのように仕立て上げていっている。

そのような議論・質疑がほとんど無意味であることを示すものこそ、官僚の「記憶にありません」という痛烈な批判答弁である。

古人曰く、一犬〔が何かの〕形〔の影〕に吠《ほ》ゆれば〔嘘鳴きすれば〕、百犬〔は、その理由を知らずに嘘鳴き〕声に〔つられて〕吠ゆ、と。

一犬〔が何かの〕形〔の影〕に吠《ほ》ゆれば、
百犬〔がその鳴き〕声に〔つられて〕吠ゆ。
王符『潜夫論』賢難

「納得できない」連発――野党の言説

老生、気楽な日々。一汁一菜レベルの食事で、これまでの贅肉《ぜいにく》をなんとか削《そ》ぎ落として、まずはまともな体重となりつつある。人生、最後は減量とは計らざりき。図らざりきか。とはいえ、俗臭は消えず、テレビの国会中継が大いなる楽しみ。それは、演出なきドラマであるから、人間のさまざまな面が諸《もろ》に現われる。金銭《かね》をかけた割には駄作のそこらのドラマより、遥《はる》かにおもしろい。

その国会ドラマ、気になることがある。それは、「納得できない」ということばである。これがよく発せられている。

国会の委員会は、質疑応答形式である。しかし、その場でいきなりの質問、すなわちぶっつけ本番ではなくて、前日までに質問主意書なるものを出すとのこと。すなわち、当日、どういうことを質問するかという、分野・範囲等を通知しておくとのこと。

それはいい。その場にならないと何が問われるのか分らないというのでは、応答側が大変である。おそらく即答できないであろう。となるとほとんどが「調べて後日に応答」となってしまう。そういうことを避けるために、予め質問主意書を出すのは、合理的だ。

ただし、問題があるとのこと。前日提出と言っても、夕方、夜、それも遅くということもあるらしい。すると関係者は大変。その質問に対してはもちろん、その周辺についても、念のため、さまざまな答弁案を準備して、所管大臣に提出する。そのため、関係省庁の官僚は、長時間労働となる。近ごろ話題の長時間労働の制限など、論外である。

さて当日、質疑応答となる。ところが、聞いていると、大臣の答弁に対して、質問議員がよく「納得できない」と言う。例えば、大臣が「従来、そのようにしております」と答弁したとする。そのようにしていると言うのであるから、それで終りである。ところが、「納得できない」と言う。では、どう答えれば納得するのかと言えば、質問者の言うとおりの答にせよということになる。

それはおかしい。そうなれば、質問しているのではなくて、自分の考えに同意しろ、そうするまで質問をし続けるという、いわば、要求貫徹のための交渉ということになる。すなわち質問ではなくて、要求交渉という全く別の話となってゆく。そこへ持ってゆくのが「納得できない」ということばなのである。

「納得できない」——これは、実は、老生にとって懐しいことばではある。

今から約五十年も前、昭和四十年代前半のころ、日本全国において、大学紛争というものがあった。そのころ、老生は名古屋大学文学部の助教授（現在の准教授）であったので、学生運動家どもと対立せざるを得なかった。

学生運動家は大別して二種。一種は共産党系いわゆる民青派、もう一種が新左翼いわゆる全共闘派である。両者の対立はすさまじく、われわれ教員（一括して教授会）は、それぞれと対応することにならざるを得なかった。

彼らは、それぞれ教授会へ要求を出してきた。内容は、彼ら両者の対立をさらに生むような複雑な、そして無理なものであった。

そこで教授会は、両者それぞれと別個に対応した。彼らはそれを「教授会団交」と称した。労働組合の団交の猿まねであった。

その団交の要求項目は、彼らにとって有利なだけの、論外の内容であったので、もちろん教授会側は拒否した。そのとき、罵声と言っていい激しいことばで彼らは迫ってきたが、教授会側は拒否し続けた。

その応酬のとき、彼らが絶えず発したことばが「納得できない」であった。それは、要求の押しつけを意味する。それと同じことが、国会の質疑応答に出てきている。こういうものを、既視感《きしかん》とでも言うのであろうか。

「納得しない」は、納得するまで要求するという、厚顔無恥《こうがんむち》を示すことばである。

古人曰く、人を射《い》んとせば、先《ま》づ馬を射よ。賊《ぞく》（悪党ども）を擒《とりこ》（いけどり）にせんとせば、先づ王（親玉）を擒にせよ、と。

人を射《い》んとせば、先《ま》づ馬を射よ。
賊《ぞく》を擒《とりこ》にせんとせば、先づ王を擒にせよ。
杜甫『前出塞《ぜんしゅっさい》』其《その》六

沖縄のための政策を

寄る年波の上、老生、金銭《かね》も閑暇《ひま》もなく、日曜午前、見るともなくNHKテレビ「日曜討論」を見ていた。平成二十五（二〇一三）年八月四日のことである。

沖縄問題がテーマであり、小野寺・防衛相と柳井・元駐米大使とが政府側。そして反論側と言うか、批判側と言うか、要するに、政府側でない立場として二人のいわゆる〈有識者〉が座っていた。

その二人とは、沖縄国際大学教授の前泊某、流通経済大学教授の植村某——小物である。ということがすぐ分った。それはこうだ。

男児たる者は——おっと近ごろは女性の人権も。となると「女児たる者」も加えよう。すなわち男児女児たる者は——なんだか変。つまりは「人の模範たる者」ということ。

人の手本たる者は、人前で意見を述べるとき、独自の意見を述べるべきである。もうすでにだれかが言っていることや、抽象的な一般論や、できもしないこと、お説教などを繰り返すのは控えるべきだ。独自の意見がないのであれば、黙っている。

ところが、前記の二人の識者なる者の意見や発言は、そこらに転がっている俗論の域を出ず、なに一つとして新しい独自の意見はなかった。それが小物と断ずる理由だ。

二人は、ただ単なる政府政策反対論者であるのみならず、結局は中国の代弁者であった。これはもう売国奴と言ってもいい。

真の沖縄県人、あるいは沖縄問題を真剣に考える日本人であれば、観念的なオールオアナッシングではなくて、一歩でもいい、沖縄のための具体的提案をすべきである。

顧みると、これまでの沖縄振興予算は膨大なものであったにもかかわらず、沖縄の背骨となるような基幹産業は形成されていない。これは今に至るまでの歴代知事が無能であったことを示している。基地問題とは別に、並行してできたはずなのである。

例えば、車社会に溺れず、沖縄本島に沖縄新幹線を建設してはどうか。同時に、新幹線の広軌《こうき》レールA・B二本の間に、もう一本、レールを敷設し、AあるいはBと合わせ使って狭軌《きょうき》のSL（蒸気機関車）を走らせよ。現代的高速列車と古典的旅情列車との併用は、観光客誘致になる。建設特需や雇用も生まれる。それに、なによりも、わが国の最高技術の新幹線を沖縄に敷く心意気が大切だ。

また例えば、私は何度か提案しているが、国立大学は入学定員に無試験の沖縄県枠を設けよ。反対する者はいない。留学生の内、不良学生分の枠を減らせばすむ話である。沖縄の教育環境が悪いと言うのであれば（実は教育環境ではなく左翼教員が多いのに悪因があるが）、そのハンディを補う一法として、沖縄で小・中・高を過ごした日本人生徒を温かく迎え入れよ。これなど文科相が決意すればすぐにも実現できるのである。

大学に限らない。企業それも大企業は、採用において沖縄県枠を設けよ。大局的見地に立つ経営者の決意ですぐにも実現できる。

沖縄問題において、政府側を批判的に論じる者の大半は、基地撤去だけが目的である。それは無責任というものである。なぜなら、もし基地完全撤去があったとしたならば、その後、沖縄県はどのような県政を行い、どのように自立する計画があるのか、まずはそれを知事らは明確に示すべきである。しかし、そのようなものがあるようには見えない。

沖縄県は、基地関係予算カットの後は、見るべき産業なき大赤字県になり、現在の生活水準は保てない。しかし、そういうどん底をも論ずべきなのである。冷徹に。

左翼論壇が崩壊したのは、単なる否定という観念的な原則論の中に閉じこもって高論、高議するだけであって、実行可能な具体論を展開する能力がなかったからである。ということは、初めからなにも分っていなかったということであろう。

古人曰く、高議《こうぎ》（観念的意見）して〔現実に〕及ぶべからざる（実現しない）は、卑論《ひろん》（実際的意見）の功《こう》（実績）あるにしかず（の方が勝れている）、と。

猛獣《もうじゆう》狐疑《こぎ》（ぐずぐずして実行しない）するは、
蜂蠆《ほうたい》（ハチとサソリ）毒《どく》を致《いた》すにしかず（劣る）。
高議《こうぎ》して及《およ》ぶべからざるは、
卑論《ひろん》の功《こう》あるにしかず。

劉向《りゆうきよう》『説苑《ぜいえん》』説叢

追記。沖縄問題は重要であるので、本書の終章「沖縄には誠意を」（二五〇ページ）において再論いたしたい。

世論を煽り続けるコメンテーター

世論なるものは、ふわふわと浮き漂っている。世論が民主主義だ、多数意見に従えといわれても、ふわふわ世論がどうして最高価値となるのか、私には分らない。

世には民衆を煽動《せんどう》する連中がいる。アジテーターである。彼らは、人々が集合したときに現われ、演説して議論を導いた。つまりは己れの立場に引き摺《ず》りこんだ。

六十数年前、私が学生のころ、学生運動が盛んであった。どこでもここでも集会があり、必ずアジテーターが現われてどなりまくった。しかしそれは、自分の意見に同意しない者は人間ではないと言わんばかりの感情論であり、論理性や知性のかけらもなかった。

ところが、そういうアジ演説に酔うバカがたくさんいたのである。六十数年前の大学生は、今どきのそれと異なり、しっかりしていたと思われているが、実際はそうではなくて、大半はふわふわ分子であった。だから、ちょっとしたアジ演説を聞くと、無批判にそうだそうだとヨイショするのが多かったのである。それが京大生の実態であった。そこから推量すれば、おそらく他大学の学生もほぼ同様であっただろう。

それから六十数年を経たが、事情に変わりはない。世はふわふわ分子の海である。しかし、異なる点がある。今の人は集合するということをしなくなってきている。

今日の大学では学生の集合など見かけない。集まっているとすれば、ライブショーだの講演会だのであって、集合の意味が違う。今の学生は、個か孤か狐か知らんが、集まりはしない。けれども、大半は昔と同じくミーハーふわふわである。

当然、一般社会も同じであって、相い変わらずアジテーターに引っ張られている。ただし、今は人の集合がないので、アジテーターはテレビに登場している。いわゆるコメンテーターである。

彼らは昔のアジテーターのような大声で長々としゃべることはしないが、相い変わらず感情的結論だけを断定的に言う。アジテーターの本質は変わっていない。

さて、選挙。テレビのコメンテーターらは、特定の政党に投票するよう誘導・煽動している。彼らの関心は、どの政党が多数派になるかという話ばかりである。少数議員しかいない政党など何の力もないとして無視し、多数決、世論第一とふわふわしている。

しかし、彼らが本当に世論が大切というのならば、弱小の候補者たちの意見をこそ、この機会のためにしっかりと世に伝えるべきではないのか。

大政党公認の傲慢な候補者は、小政党の弱小候補者を泡沫《ほうまつ》候補と嘲《あざけ》っている。テレビのコメンテーターらも同様である。彼らの頭の中は、選挙を機会に民主主義とは何かと考える方向はなく、ひたすら数は力というそろばん勘定だけである。小政党候補者の意見の中には、耳を傾けるべきものがある。いや、意見だけが重要なのではない。たとい泡沫候補と嘲られようとも、己れの志を世に訴える勇気はりっぱなものではないか。

古人曰く、〔多数の〕三軍ありとて、〔彼らの心が一つでなければ〕帥《すい》（司令官）を奪《うば》ふべし〔奪うことができる〕。〔しかし〕匹夫《ひっぷ》（たった一人の男）とて〔心が堅《かた》ければ、その〕志《こころざし》を奪ふべからず、と。


三軍《さんぐん》も帥《すい》を奪ふべきなり。

匹夫《ひっぷ》も志を奪ふべからざるなり。

『論語』子罕《しかん》

トランプを断罪できるのか

平成二十八年十一月から年末にかけて、当選したトランプ大統領着任という意外な展開を受けて、メディアは右往左往している。

有り体《てい》に言えば、二種類の型。一つは、馬鹿にしている。いま一つは、怖《こわ》がっている。

前者の一例を挙げると、トランプはビジネスマン生活を送ってきた人であり、政治についてなにも分っていない、との断罪。

これ、本気で言っているのか。もしこの発言が妥当であるとするならば、〈生まれつき政治家〉以外、政治家になれないことになるではないか。

こういう調子になる、彼は研究生活を送ってきた人なので政治は無能、彼女はお主婦さまだったので政治に音痴、あの人は医者だったので政治は無知……と。すなわち〈生まれつき政治家〉以外はだめだという話になってくる。

しかし、〈生まれつき政治家〉などという人種が、この世に存在するのか。

そんなものは存在しない。どの人も生きてゆくために、それぞれまずは社会で働らく。その内になにかの事情や本人の意志などがあって政治家になるのがほとんどである。もし仮に十代で政治家志望をしたとしても、選挙の壁があり、そう簡単に政治家になれるわけではない。まずは政治家秘書あたりからのスタートであろう。しかし、政治家秘書は政治家ではない。職業の一つであり、そこから出発して政治家になれるわけでもない。

次に、第二型。すなわちメディアがトランプ怖《おそ》ろしの気分にあること。

メディアは、政治批判が看板であるのに、政治の現況の変化を恐れている。

その恐怖感の極致こそ、まずは戦争の恐怖である。ただし、中近東の騒ぎなどどこ吹く風、関心はひたすら東北アジア。具体的には中国との軍事的緊張である。

もちろん、北朝鮮の核ミサイルも恐怖の一つであるが、それは抑えられるという〈希望的期待〉で話をごま化している。韓国は日本に攻めこんでこないと勝手に決めこんでいる。

結局、中国との軍事的紛争という恐怖がある。その恐怖がもし現実化したとき、トランプが日本側につくのかどうか不明という〈トランプ怖ろし〉気分がメディアにある。

情けない。自国は自国が守るという国家の基本を心得ているメディアは少ない。我が国への中国の侵略が発生したとき、大半のメディアは、日本の反撃など言わず、ひたすら日米安保条約の適用、つまりはトランプ大統領への哀訴を書き連ねることであろう。

以上のようなことを、老生、ここ一カ月のメディアの発言から受け止めている。それを整理して言えば、メディアは自分らは高級な知的集団で偉いのだ、トランプは無教養の愚者だと断ずる独りよがりの世界から発言していることに帰す。

その傲慢さから来るのであろう、自分らの意見の矛盾に気づいていない。その矛盾は、日本の左筋の発言とみごとに重なっている。例えばこうである。

メディアの大半は基本的に反米である。これは、ナショナリズムからする反米ではない。すでに崩れたが彼らの〈心の祖国〉(旧ソ連など) が屁理屈をつけていたアメリカ帝国主義反対の流れである。つまりアメリカは帰れ、である。

ところが、トランプの政策が、アメリカは世界の警察であることをやめ、アメリカ本土の繁栄にもどろうとする姿勢を打ち出してきたのを見るや、なんとアメリカの内向き (アメリカ本土中心) はいけない、もっと国際的になれと言い出している。これは、アメリカ、居て頂戴、という話。

時にはアメリカ帰れ、時にはアメリカ居てよ、と自分の事情でくるくる立場を変え、それを矛盾と思わないのが、左筋得意の〈弁証法的〉態度である。そこに在るものは、無限の御都合主義という無思想である。

古人曰く、末《すえ》（梢《こずえ》）大なれば、〔木は〕必ず折れ、〔動物はその〕尾《お》〔が〕大なれば、〔自由に〕掉《ふる》へず（振り動かせない）、と。

末《すえ》大なれば、〔木は〕必ず折れ、
尾《お》大なれば、〔自由に〕掉《ふる》へず。
『春秋左氏伝』昭公十一年

トランプを嗤《わら》えるのか

その昔、赤尾敏《あかおびん》という硬骨漢《こうこつかん》がいた。もう人々の記憶から消えてしまっている。老生、もとより面識はない。

しかし、いつだったか、上京した折、彼の街頭演説を聞いたことがあった。もちろん、偶然であった。

彼は〈いわゆる右翼〉であり、当時のインテリは彼を蔑《さげす》んでいた。なぜか。理由は簡単であった。往時、戦後民主主義が全盛であり、それに従うのが正しく、それと異なる意見は徹底的に否定された。そうした風潮のころ、それに乗って勢いがあったものこそ旧社会党であった。

しかし、戦後民主主義の化けの皮が剝《は》げ落ちてゆくのと並行して、旧社会党は凋落《ちょうらく》――今や見る影もないどころか、消えてしまった。

かつて戦後民主主義は、旧社会党全盛の例のように、日本社会の〈いわゆる知識人〉主流に乗っていた。当然、赤尾流の意見は否定されていた。それも〈右翼〉の名の下に。

しかも、赤尾の主張に対して、まずは謙虚に聞くどころか、端《はな》から無視しての否定であった。それは、論破したのではなくて、右翼は悪、問答無用という否定、あえて言えば、〈言論封殺〉という最も卑しい手法であった。

老生、今も想い出す。街頭演説で赤尾が訴えていた主張を。その中心は、日本人による自主防衛であった。

その「自国は自国民で護る」という主張は、まったく正しい。それができなかった国家は、侵略され、蹂躙《じゅうりん》され、属国となる。その例は歴史を顧みれば山ほどある。しかし、それを主張した赤尾は、人々から、もちろんメディアから無視され軽蔑されて終わった。

あの街頭演説から四十年は過ぎたが、同じような感じ、一種の既視感を否めなかったのが、今回のトランプ報道であった。

すでに勝敗は決し、トランプがアメリカの次期大統領となった。しかし、その投票までのトランプ報道は、蔑視以外のなにものでもなかった。メディアの悪い癖で、自分らは高い知性であり、愚劣なものの登場は許さない、それも〈生理的に〉許さないというような、差別観丸出しであった。

例えば、トランプはポピュリズム（大衆への迎合主義）と罵倒した。しかし、政治哲学ではあるまいし、政治は本来多かれ少なかれポピュリズムではないのか。夢のような政治哲学は、机上の空論にすぎない。例えば、軍備はすべてやめようという〈御立派な政治哲学〉を語るのは簡単であるが、それを実現できる政治などどこにも存在しない。

トランプ報道で面白かったのは、トランプが当選するとは思わなかった、いや思えなかったとする〈報道の反省〉である。

これこそポピュリズムでなくてなんであろう。読者や視聴者が自分のところから離れるのが恐ろしいという、算盤《そろばん》片手の反省の弁。そこに誠意など欠片《かけら》もない。真実は対抗馬のクリントン当選願望にすぎなかった。

では、トランプの政策は、本当に愚かなのか。例えば、メキシコとの国境に建造物（一部はフェンス）を。これは、低技能者や失業者への対策として悪くない。高層ビルを建てるときのような高度な技術は不要。いま必要なのは、無技術者・低技能者らに対してどういう仕事を与えるのかという、一種の社会福祉的施策なのである。

これは日本においてもいずれ出てくる問題である。かつては重労働業が存在していたが、技術革新とコストダウンとによってそうした仕事が激減した。そのため、重労働業に就くのが良かった人らに仕事がなくなり、〈やむをえず大学進学〉している。当然、就職先はない。その人たちの不満がしだいにマグマ溜《だま》りとなっていっているのが見えないのか。トランプの公約を日本人のだれが嗤《わら》えようか。明日は我が身である。
古人曰く、禍《わざわ》ひは敵を軽んずるより大なるはなし、と。

禍《わざわ》ひは、敵を軽んずるより　大なるはなし。
『老子』六十九章

沖縄・那覇市での孔子廟裁判

沖縄では、沖縄タイムスと琉球新報との二紙が新聞の中心である。

ところが、この二紙、左筋そのもの。いつだったか、百田尚樹氏がそれを叩いたところ、朝日新聞らに応援してもらって、泣きごとの反論をしていた情けない新聞ではある。

しかし、数は数、沖縄県における影響力は大きい。その世論形成力は侮《あなど》れない。もちろん、左筋の立場に立ってのもの。

そのあまりのひどさに対して、まともな報道をしようとして新しい新聞が沖縄で発足した。八重山日報である。

そのことを知り、老生、応援しようと定期購読者となった。貧者の一燈。

その論説等は、産経新聞の応援ではあるが、当地のニュースはさすがに詳しい。沖縄のいろいろな現況を知ることができる。

その中で、最も感動したニュースは、「孔子廟訴訟判決」であった。

と言っても、本州の諸メディアは、そのことをほとんど伝えていないので、まずはここで説明いたしたい。

県庁所在地の那覇市の市有地である松山公園の中に、至聖廟という建物が設置されている。この至聖廟とは、孔子を祭る廟（みたまや）である。

設立者ならびに所有者は、一般社団法人久米《くめ》崇聖会。この会、分りやすく言えば、沖縄の久米一族の会である。この久米一族の建てた至聖廟の中心は孔子の木主（位牌のこと）であるが、左右に儒教上の重要人物や久米一族の木主すなわち位牌が並んでいる。配祀《はいし》と言う。分りやすく仏壇で言えば、本尊の下に、その家の亡き方の位牌を並べている形。

那覇市はこの至聖廟を、一年に数回の公開をするので文化的施設と称し、公園における土地使用料を全額免除してきた。

しかし、この無料土地貸し付けは、憲法の政教分離違反であるとして、徳永信一弁護士らが那覇市らを相手に提訴してきた。その結果、市が敗訴、市の憲法違反が認定された。

これに対し、那覇市はどうしたか。なんと那覇市議会は控訴を決めた。すなわち舞台は第二審をする高裁に移ることとなった。その結果は、しばらく待つことになっている。

因みに、地代免除を決定した当時の市長は、その後県知事となった故翁長雄志《たけし》であった。

翁長一族は、三十六姓の子孫のある久米一族の子孫の一つ。となると、これは老生個人の意見であるが、市長の立場を利用して親戚一統の利益を図ったと言えぬこともないのう。

実は、この裁判、かつて地裁で徳永氏ら側が最初は敗訴。ただちに控訴し、高裁において、差し戻し審となった。そこで更《あらた》めて地裁で裁判を行なった結果が、徳永氏ら側の今回の勝訴となったのである。それに対して那覇市が控訴したのである。

この経緯からすれば、那覇市が今回控訴しても、前回、差し戻しを決めた高裁で勝訴する可能性はおそらく低いと思われる。

さて、この一連の裁判において争点となったのは、儒教の宗教性であった。

久米側は、儒教の宗教性を否定し、徳永氏側は、儒教の宗教性を肯定した。そして今回の差し戻し審は、至聖廟では宗教的儀式が行なわれていると指摘し、那覇市の全面敗訴となったのである。

儒教の宗教性——これは実は、老生の学説であり、徳永氏はそれを重要な拠りどころとした。もしも次の高裁において、那覇市側が儒教の宗教性を否定する主張をするならば、どういう根拠に基づくのか、徹底的に追及することに、老生、いささかでも協力いたしたい。もし那覇市がその証人として誰か研究者を立てるとするなら、面白い、この老軀《ろうく》を駆って沖縄に赴《おもむ》き、その研究者が学界で二度と立ちあがれないくらい完膚なきまでに叩いてくれるわ。

その相手は誰かのう、ぞくぞくするわ。老いのこの上ない楽しみができた。まずはビールで一献じゃ。これ、もとより戦勝前祝いぞ。

古人曰く、徳《とく》（良いこと）を樹《た》つるや、〔一杯に〕滋《うるお》す（いっぱいにする）に如《し》く莫《な》し（勝《まさ》るものなし）。疾《やまい》（悪いこと）を去らしめんとするや、尽《ことごと》する（徹底的に排除する）に如《し》く莫《な》し、と。

徳《とく》を樹《た》つるや、滋《うるお》すに如《し》く莫《な》し。
疾《やまい》を去らしめんとするや、
尽《ことごと》するに如《し》く莫《な》し。

『春秋左氏伝』哀公元年

第四章

野党の低すぎる能力

——儼矢《げんし》まさに至らんとす。
以《もっ》て盾《たて》無かるべからず。

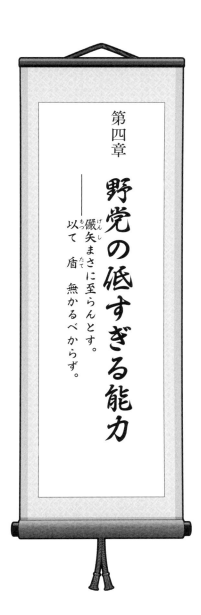

立憲主義——実は利己主義

老生、不健康老人。人とあまり会わず、会うのはテレビ画面上の人物。これは気楽で、手に、時にはコーヒー、時にはビールで。

それだけに、画面の格好《かっこう》つけた連中のあらがよく見える。例えば、政治屋と取巻評論屋とが、こんなことを言っていた。基礎年金は月額七万円にすぎず、生活できない人が増えているので増額せよと。思わず耳を疑った。本気で言っているのかそれ、と。

年金は国民の老後の生活費すべてを保障するものではない。あくまで補助なのである。

ここのところ、よく誤解されている。

すなわち、国民はしっかり働いて、節約し、貯蓄しながら生活し、老後に備えなさい。

老後のそのときの補助として年金を出しましょうということなのである。

そういう厳しさをイソップ物語のアリとキリギリスの話が教えているではないか。

もっとも最近は冬で困ったキリギリスをアリが暖かい巣に入れ、食べ物をだして救《たす》けてやるという風に、人道的いや蟻道《ぎどう》的に遇するという話に仕立てられ、その展開に子たちは感動するとのこと。これはおそらく日教組のインチキヒューマニズムの宣伝化であり、それは年金をもっと増やせという要求とどこかでつながっているのであろう。

しかし、老生のような性悪《しょうわる》人間は、そんな仕立て話にだまされず、こう解釈する。雪の冬、アリはキリギリスを暖かく巣に迎え入れ、飲ませ食わせ、安心して寝たところを襲いかかり、アリさんたちの餌となったとさ、行きは良い良い、帰りはこわい、こわいながらもメデタシメデタシ。参ったか、日教組。

年金額増加へのさらなる欲求の本音は、人権擁護といったようなものではなくて、最後は〈お上《かみ》にぶらさがり〉という、日本人の原感覚からきているのではなかろうか。

日ごろは自我の確立とか個人主義の優先とかと美々しく宣伝しはするものの、実はなんでもかんでも政府がちゃんと用意しろという利己主義の主張なのである。

その利己主義をしっかり後押しする屁理屈《へりくつ》が近ごろ我が物顔でのさばっている。いわゆる立憲主義とやらである。

遡《さかのぼ》れば、フランス革命。社会の頂点にあったカトリックを追い出して政教分離に成功。カトリックの下にある王らの首を斬り、政治権力を握った連中が、己れらの地位の正当性を主張するために、議会を舞台にして、みなが作った憲法を推し戴き、それを義務として守ってゆきますと称し国民に約束した。なんのことはない、己れの地位の保全理論にすぎない。それが立憲主義の正体なのである。

つまり、立憲主義なるものは、議会に基づく近代政治における政権担当者の地位の正当さの根拠づけのための理屈にすぎない。

見よ、社会主義国家では、憲法は持っているものの、政権担当者は、社会主義（共産主義）をもって国家を運営するのであって立憲主義など名目にすぎない。例えば、中国大陸では、信教の自由が憲法に明記されているが、政権担当者はそれを守るどころか、逆に諸信者を弾圧している。立憲主義に普遍性などないし、同一概念ではないのである。

さて日本。中国、朝鮮等と同じく、伝統的に宗教は政治の下にあり、はじめから政教分離である。また王朝の交代があったわけでもない。明治政府は立憲主義としての憲法なしで政治の近代化に成功し、維新後二十年以上も経《た》ってから憲法を作った。つまり〈後附け憲法〉であって、〈立憲主義憲法〉などではない。明治憲法は法の最高者であり、政権担当者に限らず〈国民すべてが遵守《じゅんしゅ》すべきもの〉と理解してきた。そうした理解や感情は、日本国憲法に対しても同様であって今日に至っている。日本人には、立憲主義などというアチャラカ思想など不要なのである。
古人曰く、両《ふたつ》ながら高くんば、重ぬるべからず。（中略）両ながら貴《たっ》とければ、双《なら》ぶべからず、と。

両《ふたつ》ながら高くんば、重ぬるべからず。（中略）
両ながら貴《たっ》とければ、双《なら》ぶべからず。
劉向《りゅうきょう》『説苑《ぜいえん》』談叢《だんそう》

迷句か酩句か——野田佳彦・文春砲の言説

老生、時事問題を扱うテレビショウを観ながら、独り酒、独り言《ごと》、独り嗤《わら》いの日々。そのショウでよく出てくるのが、週刊誌。

もちろん、買わない。買わずとも、世の中よくできていて、異なる銀行を渡り歩けば、そのロビーでほぼ読み尽くせる。などと言う徘徊《はいかい》老人もいるので、御用心。いや御参考に。

さて、文春砲とやら。そのグラビア「安売りハンタイ」（平成二十九年十月十二日号）の説明にこうあった。希望の党幹部の細野某が、民進党等の元首相らの入党は御遠慮をと仕分けたことに対して、当の野田佳彦元首相は「先に〔民進党から〕離党した人の股をくぐる気はまったくない」……そう啖呵《たんか》を切ってみせたのだ、と。

そしてこう記す。「その感心の〝股をくぐらず〟発言から二日後の……」と。

この文中の名句、いや迷句か、謎句か、酩句は「感心」である。

中国は古代、秦の始皇帝亡きあと動乱の時代となったが、それを統一して漢王朝が成立した（西暦前二〇二年）。その成立に至るまでの軍事勝利の大指揮者となったのが韓信《かんしん》という人物。この韓信が若かりしころ、ならず者に因縁をつけられ、自分の股の下をくぐれと言われた。韓信は、世に出たい大目的を前にして、つまらない喧嘩は避け、ならず者の股の下をくぐり、恥に耐えたという。

という話から「韓信の股くぐり」という逸話が生まれた。野田某は、細野某から受けた屈辱に対して、我慢はせぬとしたわけである。

なるほど。だから「韓信の股くぐり」ではなくて「感心の〝股をくぐらず〟」となるのか。さすが文春砲、古典に精通しておられ、「韓信」を「感心」とはのう。

などと言っておるうちに、平成二十九（二〇一七）年十月の総選挙も終わった。宴《うたげ》の後《あと》とはこのことか。勝利もあれば、敗北もある。

それはそれで、世の常であるから、いちいち論評してもそれぞれ各個の事情にまで至るのは今は困難である。

しかし、そうした個々の事情は別として、この総選挙を通じて、日本人の特性の一つが見えてきた、と老生は思う。そのことを述べておきたい。

世には、時間と空間という両物指しがあるが、その内の時間を軸に取ってみよう。

日本人は時間軸を非常に大切にする。それもただ頭の中に置いておくだけというのではなくて、具体的な形で示す。その代表中の代表は、例えば法隆寺。七～八世紀以来千数百年も昔の木造建築が残っているのである。石造ならば、その年数のものは世界中に多く存在するが。

このように、古くから在るものを大切にする時間感覚――これが政治感覚に現われている。だから、政党についても、よほどのことがないかぎり、保守系という枠組みをそう簡単に解きはしない。自民が主流であるのはそうした日本人の時間感覚があるからだ。

しかし一方、日本人独特の別の時間感覚がある。それは四季という時間感覚である。春が去れば夏が来る。夏が終ると秋が漂よう。秋が消えると冬が訪れる。冬が……というふうに、四季の変化もまたわれわれの時間感覚であり、日本人は変化も好む。ただし、その変化は、革命的な変化ではない。なにか新しいのではあるが、それは〈移ろい〉であり、突きつめれば、一時の新しさであって、やがてそれは忘れ去られゆく。一見したところ、新しもの好きではあるが、その永続を求めるのではなくて、やがては消えてゆく。弱小政党に対する感覚がそれである。

このように、日本人には、歴史の永続への厳粛な気持がある一方、新しいものが好きではあるが、その儚《はかな》さへの想いもある。どちらか一つにではなく、時間の持つ矛盾をそのままに受けとめて生きているのが日本人である。
古人曰く、朝華《ちょうか》の草《くさ》（朝に花が咲く草のその花）、夕《ゆう》べには零落《れいらく》す（しぼむ）。松柏《しょうはく》（常緑樹。柏は日本の檜《ひのき》）の茂《しげ》れるは、隆寒《りゅうかん》（酷寒）なるも衰《おとろ》えず、と。

朝華《ちょうか》の草《くさ》、夕《ゆう》べには零落《れいらく》す。
松柏《しょうはく》の茂《しげ》れるは、隆寒《りゅうかん》なるも衰《おとろ》へず。
『三国志』魏《ぎ》書・王昶《おうちょう》伝

証人喚問での野党議員

老生、金《かね》もなければ、行くあてもない。ひたすら流れゆく刻《とき》の中で無為の日々。

と書き出すと、読者諸氏にお叱りを受けること確実。もっと元気の出る話を書け、と。

承詔必謹《しょうしょうひっきん》。そのようにいたしまする——この承詔必謹（詔《みことのり》を承《うけたまわ》るや必ず謹《つつ》しまん（行ないましょうぞ））という句、これは日本では聖徳太子の憲法十七条その第三条の出《で》だしのところのことばとして有名だ。これ便利。老生など、家人に命ぜられると、「はい」の代りにこの句を使う。「卵をスーパーで買ってきて」「承詔必謹」とな。家人には、服従第一じゃ。

という調子ゆえ、老生、無為に例えばテレビを眺め暮す凡庸の日々。

その中で、平成三十年三月二十七日、佐川宣寿・元理財局長の国会における証人喚問があった。朝の九時半ごろから午後の四時半ごろくらいまでという長時間であったが、ほぼすべてを視聴した。やや疲れたが。

この喚問については、もうすでにいろいろなメディアが取りあげているが、要するに質問しても何も出なかった、ということ。

となると、自己弁護・自己保身の塊《かたまり》である野党の国会議員や新聞・テレビ等は、なんと一斉にこう喚《わめ》きたてた。「刑事訴追の恐れがあると称して逃げた。良心があるのか」等々責任のすべてを佐川氏に被《かぶ》せて、正義の味方である自分らは問題をこれで終らせはせぬ。もっと証人喚問をすべきだ、彼を呼べ、此を引き出せ、アベ夫人を叩け……とさらに一層喚きたてている。

愚かな話である。佐川喚問のテレビ映像を見るがいい。野党議員の質問のほとんどは、己れの頭の悪さを示す以外の何物でもなかった、と言い切っておこう。

もし相手に本音があるとして、それを引き出そうとすれば、いきなり本音について尋《たず》ねたってすぐ答えるはずがない。まして佐川元局長は小学生ではない。海に千年、河（あるいは山）に千年、老獪《ろうかい》な強《したた》か者ではないか。

老生、かつて教員をしていた。教員の任務の一つは、演習という科目において、学生に〈論理〉を鍛《きた》えることであった。老生の門下生が論理に強いのは、その成果である。論理に強いと、それを悪用して、当然、屁理屈も強くなる。この硬軟両様の技術を身につけることが、大学文系学習の究極じゃ。

となると、野党議員の頭の悪い愚問は、彼らの受けた演習水準が低かったことに起因しておるのう。しかし、或る論理の順で行けば佐川氏を締めあげることは、できる。その順序、学びたければ、老生のもとに参れ。忘れるなよ、一升瓶提《さ》げてな。

さて、野党議員の愚問のことについては、しばらく措《お》くとしても、質問終了後、聞き捨てならぬことを聞いた。

それは、佐川氏は自分に刑事訴追の恐れがあると称して逃げた、という非難だ。

それはおかしい、と言うよりも許せない。国民が国会の予算委員会に出席し、証人として宣誓する前、委員長は、自分に不利なことについては、答えなくてもいいと言った。すなわち「刑事訴追を受ける恐れ……」関連のことである。これは、黙秘権の行使であり、日本国民としての正当な権利なのである。

第一、野党の大半は護憲ではないか。憲法を守れ、憲法を改悪してはならぬと号している。ならば、憲法第三八条を見よ。なんと書いてあるのか。「何人も、自己に不利益な供述を強要されない」とあるではないか。護憲派野党はこの条文が黙秘権の根拠となっていること、御存知かな。本当かな。

老生、佐川氏が気に入った。怖《お》めず臆《おく》せず自分の立場を述べ貫ぬいた。こういう男こそ例えば苦境に在る会社は〈三顧の礼〉をもって迎えるとよろしかろう。頼りになる。論理を貫ぬき通すには、なによりもド根性が必要。佐川氏にはそれがある。善《よ》い哉《かな》。古人曰く、其《そ》の人（有能な適任者）を得《え》ば、之《これ》を重《おも》んずること、山のごとくす。其《そ》の人を得ざれば、之《これ》を忽《ゆるが》せにする（軽んずる）こと、草のごとくす、と。

> 其《そ》の人を得《え》ば、之《これ》を重《おも》んずること、山のごとくす。
> 其《そ》の人を得ざれば、之《これ》を忽《ゆるが》せにする（軽んずる）こと、草のごとくす。
>
> 『三国志』魏書・王昶《おうちょう》伝

モリカケだけの無責任野党

老生、老耄《おいぼ》れて、ただただ昔の記憶の世界に沈みこんでいる。そして世の老人の決り文句、昔は良かったと呟《つぶや》く日々であったが、暇《ひま》つぶしにテレビの国会中継を観ていて、疑問に思った。

森友学園が公有土地売買をめぐって、あれこれ手を尽して安くしてもらおうとしたとき、財務省側（実質窓口は近畿財務局）が非常に安くした云々《うんぬん》……に始まり、近畿財務局の公文書が改竄《かいざん》されているのではないか云々……となり、その総責任をとって国税庁長官が辞任という話。これがなぜ大騒ぎとなるのか、分らない。

分らないその訳《わけ》ははっきりしている。この騒ぎにおいて、公務員側が収賄《しゅうわい》したのか、森友学園側は贈賄《ぞうわい》したのか、そのような点等々がまったく出ていないからである。

贈収賄もないのに、なぜ国会は問題にするのか。となると、下世話《げせわ》に言えば、何もないのに因縁《いんねん》をつけて脅すやくざ者の手口《てぐち》とほとんど同じではないか。それこそ、品格の欠片《かけら》もない話である。

そんな暇があるのなら、野党は贈収賄に由《よ》る公有財産の私物化を根拠にして、司法に捜査を依頼することだ。もちろん、その際、疑惑の根拠をきちんと揃《そろ》えて出す。それが、立法・司法・行政三権の分立を守るということではないのか。

しかし、そういう正面《まとも》な手順を踏むことは、まずないであろう。

と言うのは、国会議員の多くの者の言動は、テレビの国会中継だけを意識してのものがほとんどだからである。三権分立なんて頭のどこにもない。ただただテレビに映る己れの映像だけが命《いのち》なのである。

なぜなら、テレビ信仰があり、テレビに出ているということ自体に宣伝価値を抱き、その映像を中心にして選挙区に御披露目《おひろめ》、おひろめ。その程度の人間である、本性は。

国会が議すべきものは、もっと他《ほか》に数多くある。例えば、国防問題。

となると、早速、彼らは反対する。日本は平和を守っています、軍もありません、もしどこかの国が攻めに来ましたら、戦わず白旗掲げて仲良くし、話し合うので大丈夫云々
……などという言説の下に。

うんざりである。もう厭《あ》き厭《あ》き、そういうアホダラ経を聞くのは。

老生、国防問題の主柱である軍事について議論する前、現実的重大案件を先に議論すべきであると思うので、それについて述べたい。

それは、緊急時における国家組織の安定である。もし仮に東京が他国に由って壊滅的打撃を受け、首相以下の重要人士が不在となったとき、どうあるべきか、どうすべきか、という問題である。

老生の結論だけを先に述べよう。人材の多い地域――と言えば、名古屋・京阪神・福岡等であろう。それら被害なき地が候補。例えば、名古屋としよう。東京が前述のように壊滅したとき、臨時に、愛知県知事を首相代理とし、愛知県組織を現中央省庁代行とする。そして日本国民全員が協力して、国家の運営をする。もちろん、その間、生き残った閣僚や中央省庁職員は、東京からたとい徒歩ででも名古屋に行き合流する……。

この第二首都・第二閣僚・第二中央省庁のみならず、安全のために、第三、第四、第五まで決めておくべきであろう。

もちろん、これに伴なう細かな問題が数多くあるであろうが、それは徐徐に解決してゆけばよい。なによりもまず第二首相（首相代理）・第二中央省庁以下を立法化すべきであろう。このような立法こそ国防の第一なのである。

こういうようなことを真剣に議論することこそ、国会の任務ではないのか。それに比べれば、森友問題など井戸端会議あたりで扱っていい、小さな愚劣な問題である。冷静に見よ、他国からの攻撃は、目前ではないか。

古人曰く、儼矢《げんし》（強襲飛行武器）まさに至らんとす。以《もっ》て（だからこそ）盾《たて》（矢を防ぐ武具）無かるべからず、と。

儼《げん》矢《し》まさに至らんとす。
以《もっ》て　盾《たて》　無かるべからず。

『汲冢周書《きゅうちょうしゅうしょ》』周祝辨

蓮舫二重国籍は中国人的体質

民進党代表に選出された蓮舫女《じょ》に二重国籍問題が浮上した。

八幡和郎氏の提起などがあり、その後、産経新聞などが広く報道した。

この問題は、形式的には日本国籍の選択宣言日（平成二十八年十月七日）が記された戸籍謄本の複写の一部を、彼女が公表したことで一応の収束をみたが、事はそれで終わらない。これまで一人の外国人（わが国は二重国籍を認めていないので）が日本政治に直接関わったことの責任問題がある。それに対して、彼女がどのように責任を取るのかという問題が残る。これを不問に付《ふ》すことはできない。

公務員において、外国人が任用される場合がある。例えば、大学関係等《とう》の研究者の場合である。研究者は、研究・教育に限っての活動であるから、一般国民に直接関わらない。

しかし、政治家の場合、彼らは日本国民を指揮したり、制約したりする。とすれば、当然、政治家は日本人でなくてはならない。外国人に指揮されたり制約されたりする謂《いわ》れはない。

ところが、蓮某は民主党政権時代に閣僚であった。明らかに、外国人が日本人を指揮したのである。これは許せない。

そういうわれわれの批判に対して、彼女はぷるんと平気の面構《つらがま》え。「別に」という感じである。その態度に、実は中国人の生活感覚が表れている。それはこういうわけである。

歴史的に、伝統的に、中国人は家族主義であり、今もその基本は変わっていない。ただし、家族主義のその〈家族〉は、現代日本の核家族に基づく十人かそこらの親類一統とは異なり、百人、千人単位の家族である。一族である。

この一族団結は固く、相互扶助（金銭的にも）して生きている。彼らは、国家の援助などあてにしてはいない。本宗《ほんそう》（総本家）を中心にして互いに助けあっている。

一方、中国の歴代政権は、民の面倒などを見てこなかった。だから、中国人は国家（政権）などあてにせず、一族の団結で生きてきた。そういう構造なので、政権担当者が外国人（例えばモンゴル人に由《よ》る元王朝）であっても平気であった。〈関係ない〉からである。当然、中国人には国家を重んじるナショナリズムなどこれまでなかったし、これからもないであろう。

そういう流れで蓮某を見ると国家意識などあろうはずがない。だからこそ、今回のことでも、ぷるんと平気。心の中でこう言っていることだろう、〈日本政治は、日本人一番でなくてはならないのでしょうか〉と。

無資格の者が候補であり、その選挙を平然と行う民進党に対して、同党の他の二候補は、そういう選挙を拒否して、立候補を辞退すべきではなかったか。そうあってこそ、二候補は筋を通せたのであり、そうしてはじめて互いに〈男泣き〉となるのだ。

問題ありの代表では、胸に一物《いちもつ》、狼《おおかみ》のような党員を使いこなせないであろう。

古人曰く、今《いま》太子をして之《これ》（軍）を将《ひき》ゐせしむれば、此《こ》れ、羊《ひつじ》をして狼を将ゐせしむるに異《こと》なるなし。皆《みな》、力を尽すを為《な》すを肯《うべな》はず（承知しない）。それ、功無きこと、必《ひっ》（きっとそうなる）、と。

今《いま》太子をして之《これ》を将《ひき》ゐせしむれば、
此《こ》れ、羊《ひつじ》をして狼を将ゐせしむるに異《こと》なるなし。
皆《みな》、力を尽すを為《な》すを肯《うべな》はず。
それ、功無きこと、必《ひっ》。

『史記』留侯世家《りゅうこうせいか》

「悪相」ぞろいの旧民主党幹部

平成二十二（二〇一〇）年七月の参院選のとき、どういう風の吹き回しか知らないが、私のところに当時政権政党だった民主党（当時）候補者推薦のはがきが舞いこんできた。もちろん、支持つまりは投票を求める文面であるが、その結びに至って「伏して」お願いしますというところを「臥《ふ》して」ときた。

気は確かか。これでは「寝ころがって」のお願いですよ。

こういうのでも国会議員になろうというのであるから、ま、近ごろ風に言えば、立候補は就活（就職活動）の一つぐらいのつもりなのかもしれない。事実、その主張から見て、識見のある候補者などほとんどいなかったではないか。

例えば、枝野幸男幹事長。投票日の翌日であったか、各党幹部が出演した番組でこう発言した。税制の問題について（野党の）皆さんと話しあって案を作り、国会に提案いたしたい、と。

私は耳を疑った。

この発言は、中学生の生徒自治会レベル、いやそれ以下である。その職責にある者は、自分たちの知識と知恵をしぼって、まず原案を作り、その原案を公的な会議において、審議してもらうわけである。

この原案作成において、担当する責任者は、当然、識見をもって練りあげ、特に政権側であるならば、政府・与党に対して己《おの》れの政見をそこに反映できなければならない。もし原案を作れていないとすれば、その職責に堪えうる能力がないということであり、そのときは恥じて辞職するのが常道、いや常識である。

ところが、枝野某は平然と原案を野党といっしょに作ろうと言ったのである。これは、政権を担当する能力がないと自分で言っているのと同じではないか。中学校の生徒自治会でもそんなバカなことは言わない。

枝野発言はこういうことだ。野党の野郎ども、お前らしっかり汗かいて働らけ。わしはそのできあがりを待って実施し、政権を運営する。わしらは政府・与党としてな。そうなれるよう「臥して」お願いしまーす、ということだ。

私はテレビ画面上の枝野某の顔つきをつくづくと眺めたが、無能で傲慢《ごうまん》そのものという意味での悪相である。

旧民主党議員には、そうした悪相の者が多い。いや、平成二十一（二〇〇九）年の政権担当以降、しだいに悪相になったと言うべきであろうか。

なぜか。理由ははっきりしている。

彼らは〈民主主義〉原理主義に陥《おちい》っており、選挙で当選した自分たちはなにをしても許されると勘違いしている。そこから傲慢となり、慎みを忘れ、顔が悪相へと変化してきたのであろう。

政治資金規正法違反で疑われた小沢某、母親からの贈与を隠して脱税した疑惑が指摘された鳩山某、カネにからんでの批判を受けた閣僚の仙谷某、荒井某等々、すべて傲慢という悪相である。

では、当時の首相であった菅直人はどうか。この人、悪相ではない。いや正確には悪相になるヒマがない。参院選に大敗し、自信喪失のおろおろした顔つきと化していた。こういうのを貧相というのだろう。

孔子は、相手のつらい立場（例えば喪中）などに接したときは、常に己れの身心を正した。さらには「迅雷《じんらい》、風烈《ふうれつ》には〈天の怒りと受けとめ容貌《ようぼう》を改め敬《つつ》しみ〉必ず変ず（謹厳な態度をとる)」のような慎み深い人物であった。

凶(喪)服の者にはこれを式《しょく》(礼にのっとり拝礼)す。
迅雷《じんらい》、風烈(はげしき)には必ず変ず。

『論語』郷党

国語力なき旧民主党幹部

国語には四字熟語というものがある。それらは口語とは異なり、だいたい古語であり文章において使われることが多い。

そこで注意。四字熟語を引用するときは、その意味をよく理解して使ってほしい。誤用をする人が多い。例えば「花顔柳腰《かがんりゅうよう》」。これは、花のように美しい顔、柳のように細くしなやかな腰、と女性の容姿についての褒めことばである。

ところが、故・仙谷由人（当時の）官房長官は、外交交渉において「やなぎごし（柳腰）」で臨《のぞ》むと言って世人の失笑を買った。それだったら、或《あ》る種の女性が示す媚態《びたい》ということになってしまうではないか。それでは国益に反する。

もし「腰」字を引用するならば、粘り強い腰という意の「二枚腰」という相撲用語を使うべきであった。

野田佳彦首相（当時）も一知半解のまま四字熟語を使っていた。すなわち小沢一郎元代表と面会する前、心構えをこう言った。「乾坤一擲《けんこんいってき》」「一期一会《いちごいちえ》」と。

驚いた。「一期一会」の「一期」とは、その人の一生ということで、その生涯においてただ一度の出会いということだ。

にもかかわらず、再度出会っているし、第一、党という俗人の仲間において一期一会などということは絶対にありえない。

「乾坤一擲」とは、大勝負をするということであって、いわば相手への宣戦布告にほとんど等しい。そこには妥協を許さずまっすぐに自己の立場を貫ぬく意志がある。けれども、小沢派と大喧嘩《げんか》したわけでもない。なにが乾坤一擲なものか。

軽いのである。ことばが。いや、軽はずみに使っているのである、重いことばを。

乾坤一擲だの、一期一会だの、そういう大げさなことばではなく、ごくふつうのことばを使って、まごころの籠《こ》もった己れの信念を語ればよいのだ。いや、語るべきなのだ。けれども、出てくることばは、いつも「しっかりと」であり「政治生命を賭《か》ける」だけである。

同語反復という内容空虚なことばをいくら重ねても、ゼロにゼロを足すだけのこと。

そういう力不足の首相が重たい小沢派を背負って、消費税増税の高い土塀《どべい》を乗り越えることはやはりできなかった。それだけで不吉（不祥《ふしよう》）の発生をすでに表していたのではあるまいか。

中国は古代、『淮南子』説林訓に、こういう話を載せている。

「子を負ひて（背負って）牆（かきね・かこい・土塀）を登る。これを不祥《ふしよう》（不吉）と謂《い》ふ。その一人《いちにん》隕《おつ》れば（ころがり落ちれば）、両人《りようにん》（当人と子ともに）殤《わかじに》（夭折《ようせつ》）するがためなり」と。

子を負《お》ひて牆《しよう》を登る。
これを不祥《ふしよう》と謂《い》ふ。
その一人隕《おつ》れば　両人《りようにん》殤《わかじに》するがためなり。

『淮南子《えなんじ》』説林訓

反戦受け売り——柳澤秀夫の言説

或る講演会の呼びかけがあり、義理で出席したが、政治家の講演はつまらない。隣に坐った知人とメモを交換して書いて遊んだ。

民進党——→頭の悪い優等生
共産党——→答暗記《こたえ》の劣等生
日本維新——→口先きだけは模範生
自民党——→右往左往の中等生
諸派——→その他大勢不用生

話がつまらない最大理由は、自分の頭で考えず、誰か他人《ひと》の話をなぞっているだけだからである。いわゆる受け売り。政治家ならば自分の頭で考えろ、必死で、と言いたい。

その種《て》の受け売り知識の大半は、メディアから出てきた話。つまりはコメンテーター、解説者の意見が多い。ところが、その解説者連中の話自体、相当に程度が低い。

例えば、平成二十九（二〇一七）年八月三十日、ＮＨＫテレビ番組「あさイチ」を観ていたときの、ＮＨＫ解説委員、柳澤某の話がその一例。

八月と言えば、戦争に関わるものが定番であるが、当日もそうであった。

ところが、その基調がいわゆる左筋の〈反戦〉論であった。すなわち、政権に由《よ》って無理遣《や》りに国民が戦争に引っぱりこまれた、とする。

もっとも、その辺りまでは、まだ話としての理屈がある。戦争反対論者はいたのだが、そういう人々の意見は政権に抑えこまれたという理屈を立てられるからである。

しかし、そういう論理ではなくて、一方的に開戦となったとする口振《くちぶ》りがまずある。それは作り話。開戦に反対の人々がいたことは事実なのである。それを認めようとせず、一方的に軍が決定していったと、罪をすべて軍に被《かぶ》せる。それは暗に、多くの国民は正しかったのだが、その正しさが無視された、その根元は軍に在る、という筋書きとなる。

これは戦後ドイツの論理に似ている。敗戦国となったドイツは、その罪のすべてはナチスに在るとし、ドイツ国民はむしろ被害者であると自作の免罪符を与えたのである。

狡《ずる》い連中だが、それがヨーロッパという戦乱の歴史の中で生き抜く知恵、いや悪智恵《わるぢえ》であった。その悪智恵に乗って、ドイツ人は〈悪いのはナチス〉として、すべての罪をそこになすりつけ、調子よくしゃあしゃあと生きてきている。

日本にナチスはいなかった。そこでその代替にしたのが、軍であった。軍が元凶であり、すべての罪をそこになすりつけることによって日本人は免罪符を得たのである。

そういう思想的・感覚的根本から出てくることばが、例えばＮＨＫ「あさイチ」に出演する柳澤某のことば「兵隊にとられる」。

兵隊にとられる――これは、古代のヒミコから、戦国時代あたりまでの、国家・領土には所有者（王や貴族）がいるという政治の立場であり、前近代思想である。

明治政府が目差《めざ》したものは、国民国家（主権は国民に在るとする国家）であった。もちろん、一気にこれを実現することは、当時、困難であったので、徐徐に進め、国会や憲法を作ってゆく。憲法上、主権は天皇に在ったが、事実上は、国会が政治を左右し、立憲君主制の内実化を図っていった。すなわち国民国家の内実化が進行していったのである。

その国民国家（現代日本がそれ）の場合、〈自分たち国民の国家〉であるのだから、自分たちの国は自分たちで守ることとなる。この点が、近代前の〈王の国家〉と決定的に異なるのである。

となると、当然、徴兵制であり、〈兵となる〉のであって、〈兵にとられる〉のではない。

ここのところの理解ができていない。

さらに言えば〈戦争はいやだ〉、これはだれしも同じである。しかし、その後が異なる。〈王の国家の兵にとられるから〉なら分るが、〈国民国家の兵にとられるから〉となると、国民国家、その自国は自らが守るという当然の論理が崩壊してしまうではないか。それでいいのか。

古人曰く、周子《しゅうし》（晋国の十四歳の後継者）に兄《あに》有れども、〔その兄には〕慧《けい》（賢いところ）無し。菽《しゅく》（豆）と麦《ばく》とを弁《べん》ずる（分けることも）すら能《あた》はず、と。

> 周子《しゅうし》に兄《あに》有《あ》れども、〔その兄には〕慧《けい》無し。
> 菽《しゅく》と麦《ばく》とを弁《べん》ずるすら能《あた》はず。
> 『春秋左氏伝《しゅんじゅうさしでん》』成公十八年

酒談、真相を衝く——橘ジュン・上野千鶴子・浜矩子の言説

今回も酒談を許されたい。「酔ふ者、〔本音を言うので、その〕神《しん》（心《しん》すなわちその主張）全《まっ》たし（完全だ）」（『列子』黄帝）ということばがある。酒に酔いつつ一言。

近ごろ、文筆がお手軽となり、これでよく原稿料をいただけるものだわと思う代物《しろもの》多し。例えば、「人生相談」担当の橘某女（産経新聞平成二十八年二月十三日付）。息子の自立を求めての親の相談に対して、あれこれ何の足しにもならない一般論を述べた上で、こう来た、「息子さんに対して、やんわりとアプローチをするにはどうしたらいいか、ご夫婦で話し合ってみてくださいね」と。これでは何の回答にもなっていないではないか。

また例えば、「読書日記」担当の東大名誉教授・上野某女（毎日新聞同年一月十九日付夕刊）。あれこれ社会事象を書き散らかして、「今年は十八歳選挙権が施行される年。十八、十九歳の有権者二百四十万人は、いったいどんな選択をするだろうか」と言うだけ。どういう結果になるか、持論を具体的に書くべきではないのか。当っても当らなくても。これ

では読者に「どうなるか、みなで話し合ってみてくださいね」と言うのと同じである。

さらにひどいのは、「危機の真相」担当の同志社大学教授・浜某女（毎日新聞同年一月十六日付）。〈新たな定住先で、共同体としてのまとまりを持つようになった移住者たちを「ディアスポラ」と呼ぶことがある〉と言う。そのあとがメチャクチャの話。こうだ。日本企業の海外駐在員もディアスポラ、現代のいわゆる難民もディアスポラ、共通すると来た。こういうでたらめ主張を、古来、「味噌も糞《くそ》も一緒《いっしょ》」と言う。日本企業の海外駐在員は、ぜったいに難民ではない。日本人としての誇りを持って海外で活動しているのである。

酒の酔いが回ってきた。戦争・侵略を沈思して述べてみる。

まずは中近東。あの地の騒ぎはキリスト教・イスラム教両者の根本問題が絶対に解決できないからである。すなわち、キリスト教がイエスを神の子とすることを否定するイスラム教との間で和解などありえない。キリスト教が神の子としてのイエスを死守するからである。だから両教徒の争いは絶対になくならない。永遠に続くであろう。両一神教が争うわけは――老生、アラビア語は学習したことがないので、引き下がらざるを得ぬ。それ以上は、分らんものは分らん。

次は、東アジア――中国の南シナ海侵略問題。これは論ぜざる得ぬ。

そこで、諸論説をあれこれ読んでみた。その大半は、中国海軍の軍事的脅威を訴えている。しかるがゆえに、我が国も海上・航空自衛隊の強化をと求めている。

それはそれで、自然な論調ではあるが、何か物足りない。自衛隊は軍事機密上からであろう。南シナ海における中国海軍について特に論評していない。

当然、海上自衛隊は諸情報を集め諸分析をしていることであろうが、把握した機密が公開されることはない。それはそれで正しい。

となると、軍事関係者でない老生としては、侵略の真相から沈思する他《ほか》ない。そうした視点から、老生は以下のように考える。

中国海軍の場合、ドンパチ以前、海軍軍人として欠格。ずばり言えば、彼らの大半は泳げない。環境汚染から、大陸内の川の大半はドブ川で入る気にもなれない。中国の海岸線は短く、浜で育つ子供は少ない。決定的には、大都会の富裕層が通う私立小中学校以外、公立小中学校には、プールがほとんどない。そのため、泳ぐ訓練はできていない。

となると、中国海軍軍人の大半が泳げないのは当然である。ドンパチのとき、救命具は身につけるものの、沈没の際、心はこうだ。ウミ、飛びこむ、コワイ、あるよ。

海戦などできるはずがない。我が海上自衛隊隊員は百パーセント泳げる。入隊時に泳げなかった少数の者に対しては訓練して必ず泳げるようにしている。古田博司・筑波大教授の話では、韓国海軍軍人もほとんど泳げないとのこと。例えば、オリンピックなどにおいて、水泳で活躍しているのは、アジアでは日本だけではないか。それが何よりの証拠。南シナ海の中国海軍、基本的には恐るるに足らず。

古人曰く、狂夫（中国人）の〔悦〕楽〔に対して〕知者（日本人）は哀しむ。愚者（中国人）の〔嘲〕笑〔に対して〕賢者（日本人）は戚《いた》む（憐《あわ》れむ）、と。

狂夫の〔悦〕楽〔に対して〕知者は哀しむ。
愚者の〔嘲〕笑〔に対して〕賢者は戚《いた》む。
『戦国策』趙策二

第五章

本質にもどれ——

人はその一を知りて、
その他を知るなし。

杉田議員辞職を強要するファシズム

老生、口は達者であるが、足元危ふしの日々。朝食後、これという行先なし。結局、例によって、あれこれ新聞・雑誌の拾い読み。

その記事の内、議論の中心となっているのは、杉田水脈《みお》・自民党衆議院議員の発言であった。それは、『新潮45』平成三十年八月号に寄稿したもの。

同稿の内、取りあげられた個所とは、こういう趣旨。世にはLGBTの人々がいる。LGBTとは、Lはレズビアン、Gはゲイ、Bはバイセクシャル（男女それぞれに対して性的感情を抱く）、Tはトランスジェンダー（性意識が脳内と行動とで不一致）の略号とのこと。ともあれ、一般人とは異なった性的感情を持つ人々を指す。その詳しいことは、老生よく分らぬ。

さて、杉田議員は、このLGBTは子の出生とは縁がないとし、そこから「彼ら彼女らは子供を作らない、つまり『生産性』がない」と主張している。

この主張、その通りではないか。もっとも、老生思うに、Bのとき、もし男女間となったときは子の出生はありうるので、例外はありということであろうか。それは補足するとして、杉田女史の主張、その通りである。

この主張に対して、もし反対意見があれば、堂々と〈反論〉すればよい。

ところがなんと、杉田批判の言説が現われると同時に、杉田議員が所属する自民党の本部前に多数の人々が集まり、抗議をし、果ては議員辞職を求めた、と伝えられている。

議員辞職を――これは暴言である。杉田議員が法的あるいは道義的不祥事を犯したというのならばともかく、堂々と述べた論説に対して、いかなる根拠・理由をもって辞職を要求できるのか。もしそれを強行しようとするならば、言論の自由を否定することであり、自分の意見しか認めないもの――それこそデモ隊が叫ぶファシズムでありナチス的でさえある。

言論には言論をもってせよ。

第一、杉田発言を読むと、①「例えば、……不妊治療に税金を使う〔のは〕……大義名分があります」と一般論を述べ、続いて「しかし、ＬＧＢＴカップルのために税金を使うことに賛同が」得られるのか、と言っている。すなわち事実を言っているのであって、差別発言ではない。

続いて②「彼ら彼女らは子供を作らない」と述べ、その直後、「つまり『生産性』がないのです」と述べる。文脈上、この「生産」の意味は、自然・労力・資本によって成立する経済学的意味の「生産」ではなく、「出産する可能性」という意味である。

この「生産」という語は、文字通り「生む・産む」と二つの「同一の意味をあえて並列して意味を確定する〈連文〉という熟語作成法」に従っての熟語である。そのことを「つまり」という結論を導き出す語でつないでいる。「彼らは子供を作らない」つまり「(連文的に言えば)生産性はなし」という同語反復にすぎない。どこが差別発言と言えるのか。

さらに言えば、LGBTの生活はあくまで〈同棲〉であって、断じて〈婚姻〉ではない。その根拠は、日本国憲法にある。すなわちその第二四条「婚姻は、両性の合意のみに基いて成立し、夫婦が同等の権利を有することを基本として……」である。そこに「両性」とあり「のみ」とあり「夫婦」とあるではないか。

両性でなく同性の結合は憲法と全く無縁の私的行為なのである。そのこと、老生かつて論じた。前著『マスコミ偽善者列伝』に収録、一五九頁に明記しているので御覧あれ。

LGBTを婚姻として社会的かつ法的に確立するには、日本国憲法第二四条を改正するほかはない。なぜそれを堂々と主張しないのか。脅迫まがいのデモなどというチンドン屋をするしか能がないのか。

古人曰く、公《こう》（公平）を以《もっ》て私《し》〔心〕を滅《めっ》すれば、民《たみ》（人々）其《そ》れ允《まこと》に（きっと）懐《なっ》かん（信頼して集まる）、と。

公《こう》を以《もっ》て私《し》を滅《めっ》すれば、
民《たみ》其《そ》れ允《まこと》に懐《なっ》かん。

『書経』周官

憲法違反となる同性婚推進

老生、人の悪口ばかり言っている小人であるが、近ごろは、さらに歯止めが利かなくなってきており、このままでは、悪口暴走族となり、果てはお上《かみ》の厄介になること必定《ひつじよう》。その折は、読者諸氏にお助け乞いたい、と一筆。で、安心して今回の悪口で見参見参《げざんげざん》。

平成二十九（二〇一七）年十一月十八日付産経新聞（大阪版だけかも）に、以下のような記事があった。誤解を招かないため、原文通りに引用する。すなわち「兵庫県宝塚市は十七日、職員互助会で実施している結婚祝い金五万円について、同性のカップルに対しても男女間の結婚と同様に支給する制度を今月から始めたと発表した。性的少数者（ＬＧＢＴ）に配慮した職場環境をつくるのがねらい」と。

驚いた。オッサンとオッチャンとが結婚、あるいはオバハンとオバチャンとが結婚、それを認めるので、地方公共団体の互助会が祝い金を出すという話である。

となると、例えば、なんの恋愛感情もない男二人が共謀して、俺らカップルやと称して同居すると、五万円を得られる。「公的機関が発行するパートナーとしての証明書」を出すだけでよく、戸籍への記入は現時点では法的にできないから、そんな証明書なんか簡単に入手できる。そして同居の風《ふり》して別居すればしまい。

そうだ、その数年後、別の男と共謀し、再婚ですと言えば、また五万円が転がりこんでくるだろう。それを何度でも簡単にできるという理屈になるではないか。

なんと、この愚かな制度は、前引紙に拠れば「同様の制度は東京都世田谷区や岐阜県関市などである」とのこと。

本気かと問いたい。もし同性の者すなわち男と男と、あるいは女と女とが婚姻の成立を主張したとしても、現在の法律では絶対に認められないのである。

その法的根拠は、日本国憲法にある。すなわち、憲法第二四条第一項を読むがいい、こう記されているではないか。「婚姻は、両性の合意のみに基いて成立し、夫婦が同等の権利を有することを基本として、相互の協力により、維持されなければならない」と。

続いて同条第二項には、結婚した者のさまざまな法律上の問題について、こう述べている。「法律は、個人の尊厳と両性の本質的平等に立脚して、制定されなければならない」と。

すなわち、憲法第二四条の第一項第二項ともに「両性の合意……夫婦が……両性の本質的平等……」と、男女同権をもって結婚の条件とすると規定している。どこをどう探しても同性の婚姻など認めていないのである。

すなわち、宝塚市をはじめ、東京都世田谷区・岐阜県関市は、憲法違反をしているということになる。とすれば、憲法違反の下、故《ゆえ》なく地方公共団体の互助会が祝い金を出すことは、公金の横領と言っていいぐらいの不正支出に相当するのではないか。

この点について、前記三地方公共団体は明確な返答を示せ。待っているので、しっかりと正確に答えよ。

もし仮に、同性婚姻をどうしても成立させたいと思えば、方法はある。すなわち前引の憲法第二四条を改正することである。憲法が同性婚を認めるならば、なんの問題もなかろう。ぜひそうなるよう前記三地方公共団体関係者は憲法改正への運動を起すべきである。それが筋というものである。

しかし、寡聞《かぶん》にしてそういう運動が行われているとは聞かない。それはよろしくない。正しいと思えば、それを実行するのが、左筋の好きな〈市民の権利〉というものではないのか。

目下、自民党からの発議で、自衛隊の位置付けをするための憲法改正への歩みが始まっている。これはおそらく百年に一度の機会であろう。とすれば、同性婚推進派も自説を実現するために、自民党と肩を組んで共に立ちあがるべきであるぞよ。根本がなによりも大切ではないのか。

古人曰く、一度《ひとたび》その〔木の根〕本を動《ゆる》がせば、百枝《ひやくし》〔多くの枝〕みな応《おう》ぜん、と。

> 一度《ひとたび》その本《もと》を動《ゆる》がせば、
> 百枝《ひやくし》みな応《おう》ぜん。
>
> 『淮南子』泰族訓

物まね優等生のお答え——木村草太の言説

ふと或る文章が眼に入った。木村草太「同性婚制度不在　違憲では」（平成三十年八月三十日付朝日新聞コラム「あすを探る→憲法・社会」）がそれである。

まずは同文の冒頭を引用する。「七月三十日、立憲民主党は、同性婚の法制化に取り組む方針を発表した。同性婚の法制化については、『婚姻は、両性の合意のみに基いて成立』すると定めた憲法二四条に違反すると誤解している人が意外に多い。その誤解を正しておこう」という文である。

その誤解理由とは何か。この条文の制定は結婚しようとする二人の意志外（例えばかつては戸主の反対意志など）の力が及ばないように、という意味での「両性の合意のみに基いて成立」であり、同性婚を否定したものではないとする。だから、木村某は「同性カップルの婚姻に法律上の効力を認めると違憲になる、という意味ではない」と述べる。

この木村某の説明こそ論理的ではない。すなわち「同性カップルの婚姻」という文自体がそれである。

「婚姻」という国語は、インテリ諸氏の大好きな『広辞苑』（第六版・岩波書店）の同項にこう説明されている。「結婚すること。夫婦となること。一対の男女の継続的な性的結合を基礎とした社会的経済的結合……」と。

とすれば、木村某の言う「同性のカップルの婚姻」とはどういう意味なのか。「婚姻」の概念に「同性」は入っていない。それを強行突破するとなれば、現行の「婚姻」という語の概念を否定し勝手に改めることとなる。

ことばは歴史性を有している。源としては、『礼記』経解に「昏姻の礼」が登場し、正統的には「壻《せい》　婚と曰い、妻　姻と曰う」と解され、「婚姻」の語が数千年使われてきて今日に至っている。例えば前引の『広辞苑』に。

すなわち、婚姻自体が〈両性〉に基づく概念なのである。とすれば、同性の同棲を〈婚姻〉の概念に押しこもうとするのは、婚姻に対する拡大解釈であり、国語として一般性を持たない。もちろん、「同性婚」なる語も同様。整理すると次のようになる。上段が木村某の主張、下段が老生の主張。

木村某

①憲法は婚姻成立に戸主の意思などを排して「両性の合意のみに基づいて成立」としただけである。

②同性カップルのX（擬似結婚語）を否定したわけではない。

③よって同性カップルのXは違憲ではない。

老生

①′憲法上の婚姻成立は歴史的に言って両性の合意に基づく。現在、戸主は存在しない。

②′歴史的に言って同性カップルの同棲は婚姻ではない。

③′よって同性カップルの同棲を婚姻と認めるのは違憲である。

老生、文学部で学んだ。法学についてはなにも知らない。唯一、教員免許状の申請に必修の憲法を学んだのみ。それもほとんど忘れた。

さりながら、国語について言えば、文学部系文章も、法学部系文章も共通である。もしそうでなければ、法律関係の諸文章は、いったいだれのためにあるのか、ということになる。もちろん因果律的論理は共通である。

もし或る文章が法学関係者のみが理解できる文章であるとすれば、その文章は、特定分野の関係者のみが理解できるもの――言わば呪文となってしまうではないか。もちろん、国語とはなんの関係もなくなる。呪文は単なる音声であって、日本人一般に通ずる国語ではない。密室での少数の仲間内だけに分るカラオケソングにすぎない。

木村某は、前記引用文中、憲法学界の通説を証明しようとして同学界の諸論文を引用・紹介している。優等生の特性である。しかし、紹介そして随順《ずいじゅん》というのは、優等生流の口《こう》耳《じ》の学にすぎぬ。自己の独自の学説を死にもの狂いで立ててこそ研究者である。その第一歩として、前記Xを端的にして明快に国語化して示せ。新国語創造の覚悟でな。

古人曰く、〔小人物は〕耳に入り、口より出《いだ》すのみ（自分の頭で考えない様子）。口耳の間、則ち四寸（わずかな距離）なるのみ、と。

耳に入り、〔すぐさま〕口より出《いだ》すのみ。
口耳の間、則ち四寸なるのみ。

『荀子』勧学

時代遅れのフェミニスト──牟田和恵の言説

老生、引退した今、世間様の御機嫌をお窺《うかが》いし、それに諂《へつら》う日々。

さりながら、あれこれいろいろ考えさせられる。近ごろの出来事で言えば、日大アメフト部の部員が関西学院大生に起した傷害事件。

この件に関わり、いろいろな映像がテレビ画面に現われたが、最初に違和感を覚えたシーンがあった。

それは、日本大の内田監督が関西学院大へ謝罪に訪れ、その後、記者らに囲まれたときのシーンである。その記者会見は、相手と面会した直後であったから、服装は着替えてはいなかったであろう。

その服装であるが、内田某のネクタイはピンク色であり、しかも相当に光沢があった。

そのネクタイは、どちらかと言えば、明るい祝い事のときの雰囲気。

それを見た老生、ああこの男、世界は自分を中心に回っていると思っているな、と感じざるをえなかった。普通の神経ならば、謹慎の意を表わす服装にする。古代でならば、謝罪を表わすときは、喪服である。それは、この生命、首を刎《は》ねて下さっても可、の意。

それがピンクのピカピカ――この一事をもって、関学大の担当者に対する内田某の態度がどのようなものであったか、想像できる。事実、その後に現われた関学大の監督らは、納得できないと憮然《ぶぜん》とした表情だった。

同じことは、今治市を訪れた加計学園事務局長の記者会見についても言える。同局長は、或る件について、それは自分が根拠なく勝手に言ったもので申しわけないと当事者の今治市幹部に謝罪に赴いたとし、その後、記者に囲まれ、説明した。

その説明のとき、同局長は、善く言えば微笑、悪く言えば、ま、形ばかりよ、という誠意なきへらへら笑いをしていた。

表情は心の表現である。加計問題で、愛媛県知事の中村某は、愛媛・今治の文書と財務省のそれとは異なるとひたすら〈文書〉について主張しているが、もし彼の説が真実として正しいとして繋《つな》いでゆくと、その結果、最終的には加計学園獣医学部の廃校に至る。論理的には。そうした愛媛・今治にとっての大不利益に至ってでもという覚悟はあるのか。ない。断言しておこう。と言うのは、中村某の表情で分るからである。あのきょろきょろ眼は、目の前のことしか分らぬ者のそれである。換言すれば、大局を見ることのできない〈小物〉の表情である。隠してもだめ。ちょこまか、自分の出番作りだけのこと。愛媛県も御立派な知事を選んだものである。本籍が愛媛県の老生、いやはやという気持。

という折も折、財務省前次官のセクハラ発言が元であろう、「セクハラと日本社会」と題する特集があった（毎日新聞平成三十年六月一日付）。そこに寄稿した大阪大学大学院教授の牟田《むた》某女、相い変らず、「『男性は上、女性は下』という女性蔑視の意識の下に女性を……見下していることに男性たちは気づいていない」とフェミニズム流に怒っている。

しかし、この発言、いやこの言説、それこそ時代遅れである。従来、なぜ男が社会的に中心とならざるをえなかったのかということの歴史的意味が分っていないからである。

ずばり言えば、人類の歴史は他者の財物や女性の略奪であった。当然、防衛のために団結し軍が組織された。それら前近代までの事は、男性の生物的力量が最優先。走る、投げる、運ぶ、敵を殺す……運動量が十分でなくては敗軍となった。この軍を盾にして女性・幼少年・老人を守ってきたのである。

その長い歴史上、自軍は常に正義であった。しかし現代では他国の富の軍事的略奪はできなくなり、軍の意味が劇的に変って来ている。その過渡期としての現代男性を見る眼がなくて、昔の男性はという固定観念で見ても現代を解することはできない。そうした三流の観点は、牟田某の研究者としての資質不足を示している。もちろん、こうした三流フェミニズム観点は牟田某だけではない。その他同類はごまんとおるわ。

古人曰く、君子（お勉強だけをしてきた指導者、皮肉をこめている）の民《たみ》の上《うえ》に居《お》るや、腐《ふ》索《さく》（ぼろぼろの綱、時代遅れの理屈）を以《もっ》て奔馬《ほんば》（勝手な民衆）を御《ぎょ》せん（指導する）とするがごとし、と。

君子《くんし》の民《たみ》の上《うえ》に居《お》るや、
腐索《ふさく》を以《もっ》て奔馬《ほんば》を御《ぎょ》するがごとし。

『淮南子《えなんじ》』説林訓

スポーツ競技も男女平等に

老生、保守派とされているらしいが、それは心外。保守と称せられるほどの高邁な思想・信条、そのような御大層なものなど、残念ながら持ち合わせていないからである。なので、もしあえて自分が評するならば、最適のことばは〈時代遅れ〉であろうか。時代遅れの男、いや老人——と称せば、なにやら河島英五の歌「時代おくれ」風に「目立たぬように　はしゃがぬように」か。

その〈時代遅れ〉者からつくづくと世を眺むれば、老生ごとき単純頭脳では、とんと分らぬことが多い。その最たるものは、平成三十（二〇一八）年二月に行なわれた平昌《ピョンチャン》冬季オリンピック。この「平昌」という韓国地名を「ヒラマサ」と読んだ豪の者がいた。

その平昌、彼《か》の地で行われた競技は、すべてもちろん雪や氷の上ではないか。となると、土の上を走ったり跳んだりするよりも、基本的には楽チンなスポーツである。

あのジャンプに至っては、高いところから斜面に乗ってすーっと降りてきて、その力で飛ぶだけではないか。バカみたい。

それは、どう見ても、人力ではなくて設備と道具との力で勝負を決めているスポーツとしか見えない。

となると、雪のない国家、かつ貧しい国家は、参加しようにも参加できない。世界は平等、人間は平等、なんでも平等、かんでも平等、オリンピックは人類平等、なんて大嘘である。そうした大嘘大会に嬉嬉《きき》として参加すること自体、問題ではないのか。人権第一の方々殿《かたがたどの》、いかがや。

いや、スポーツは別だ、と、もしそう言うならば、あえて問う。冬季オリンピック競技種目の大半は、純粋に人間の体力で競争しているのではなくて、ほとんどが平面の氷上（時には雪上）という、動作をするのに楽な場所において行なわれている以上、いったい男女別にする必然性はあるのか。

前引のジャンプ競技など、踏み切りや空中飛行において男女の体力的区別は必要なのか。近ごろの小娘どもは、親の苦労も知らず、元気一杯すくすく育って背丈《せたけ》も相当にある。ならば、人間は平等、冬季競技には男女別をなくせ、という運動があってしかるべきではないのか。もちろん、それと同じことは、囲碁・将棋の世界についても言える。「女流」

という語を冠して男女別に競技を分けるのは差別。見よ、坐っての戦いであり、体力に差はない。あくまでも実力で決すべきなのに、なぜ男女に分けるのか、と反対せよ。

いったい男女同権とは何なのであろうか。法律上における権利の同等、これは分るし正しい。現代においては当然である。

しかし、それ以外となると、男女一律は無理と思う。男女それぞれの本性が異なるからである。老生、狭い経験ではあるが、自己の子育てや孫預《あずか》りを通じて、男児と女児との決定的相違を実感してきたからそう主張する。

幼児・小児は、十分な社会的訓練や教育をまだ受けていないから、本能や自然のままに行動している。それを観察していると男女の相違は明らか。女児は、指図などしていないのに人形が好きで抱っこする。男児は、人形など見向きもしない。仮に手にしたとしても、投げとばすか、解体するかのどちらか。もっとも最近は、人形を抱っこする男児も出てきているらしいから、用心、用心。

そういう観察から話は飛んで、男性とは何か女性とは何か、について一言。これは、老生八十数年の人生から得た内訳《うちわけ》話。

女性は保守的。ルールをよく守り、安全第一。男性は独自的であり、ルールを越えたがり、冒険的。このこと、文字を筆写させるとよく分る。女性の字は教科書的で整っており、感じが似ている。男性の字は、百鬼夜行じゃ。

男女同権とキャーキャー言う者は、人間を見る目がどこか歪《ゆが》んでいるからではないか。

古人曰く、士《し》（男子）は、己《おの》れを知る（認めてくれる）者のために死す（一命を捧《ささ》ぐ）。女《じょ》は、己れを説《よろこ》ぶ（好《す》いてくれる）者のために容《かたち》づくる（お化粧をする）、と。

士《し》（男子）は己《おの》れを（……に対して）知る（能力を認める）者のために死す。女《じょ》は己れを説《よろこ》ぶ（好意を持つ）者のために容《かたち》づくる（化粧する）。

『史記』刺客《せっかく》

国際柔道の悲劇いや喜劇

猛暑の日々、老生、冷たい緑茶とビールとをやたら交互の不摂生。となると、しぜんにテレビあたりを観るほかなし。

平成二十四（二〇一二）年夏、ロンドンのオリンピックをなんとなくあれこれ長時間見たが、〈競技〉としていちばんつまらなかったのは柔道であった。それは日本の金メダルが少ないからではない。競技としてこんなつまらないのはないと思った。

と言うのは、どの競技でもスタートの瞬間、すでに勝負になるのでおもしろい。百メートル競走はその典型。マラソンといえども、スタートと同時にもう闘いがはじまっている。その他すべてもそうだ。

ところが柔道はなんだ。特に軽量級の場合、相手に襟を取る組み手をさせまいとして、相手の手を払いのけることばかりしている。両者ともに。

なんだ、それは。中には、二人とも九〇度ぐらい腰をかがめて、両手を伸ばして腕のつかみっこをしている。ジイサン、バアサンの柔《やわ》な道払《みちばらい》（行列の先《さき》ばらい）みたい。え、それで柔道というのか。

競技時間が五分間というのに、そのほとんどをそういうつまらぬ手の払いのけあいに使っている。

これではスポーツと言えない。はじめから走りまくるサッカーと、組み手の払いのけあいの柔道とでは、若者にとっての魅力は、もうはじめから勝負がついている。サッカー人口が増えるのも無理はない。

それに着衣のあの乱れはなんだ。帯などする意味がない。審判が着衣を正させているが、それならはじめから両襟をしっかり縫いつけておけばいいではないか。和服のままをユニフォームにするのは機能的でない。胸をはだけた、だらしない姿では若者に受けない。

いや、もっとだめな点がある。礼儀作法が全然なっていない。形ばかりの礼に終わり、対戦前も対戦後もきちんと作法通りの礼をした選手は、日本選手も含めていない。

ひどいのは、勝ったときにいわゆるガッツポーズ。これは対戦相手に対して礼を失している。だから剣道では、試合に勝ってもガッツポーズをすると勝利を取り消されて敗北となることをルールで定めている。柔道が剣道に比べて魅力がないのも、そういう美学を失ってしまったからである。

では、なぜそうなったのか。

答ははっきりしている。柔道の国際化などという馬鹿馬鹿しいことを行ったからである。これは柔道界みずからが進めてきたことであるから、〈スポーツではない、だらしない服装、不作法〉という実情は彼ら自身の責任である。

日本の武道が武〈術〉から武〈道〉へと高く昇化した伝統を忘れ、ひたすら横へ横へと世界に広めることに熱中してきた誤りの成れの果てがロンドンオリンピックの柔道である。日本柔道の金メダルの数がどうのという非難は、日本柔道界の真の誤りが分かっていない。的外れである。

では、どうすればいいのか。

その答ははっきりしている。国際柔道連盟〔という名称か〕から脱退することだ。例えば、ロンドンオリンピック出場の各国柔道選手に礼儀作法から教えるのは、まず無理。日本選手でもできていないのだから。つまりは、現世界柔道界の改革は無理ということ。だから脱退して、これが本当の柔道だとする組織を日本国内で作ればいい。世界選手権なども同じ理由で無視する。

〈美しい体操〉という内村航平選手などが受け継いでいる理念の日本体操はすばらしい。同じく、〈礼儀正しい柔道〉という理念を貫けばいいではないか。ガッツポーズ追放、正しい着衣、組み手からスタートする迫力、といった孤高の柔道を日本国内で行おう。世は、金メダル勘定から柔道界を非難しているが、それは金亡者。金メダルよりも礼儀が大切なのである。そこをよく理解せよ。

古人曰く、〔雷同して〕沮《なじる》を加へず、と。

世を挙げて誉《ほ》むるとき、〔彼らに付和して〕勧《すすむ》を加へず。
世を挙げて非《そし》るとき、〔彼らに雷同して〕沮《なじる》を加へず。
『荘子』逍遙游

オリンピック選手と国歌・国旗と

平成二十八年も暑い夏、老生、テレビ漬けの日々。あの暑さでは、老人は外に出歩くことも適《かな》わず、しぜんと手にはビール。

さて、そのテレビ番組であるが、中心となったのは、やはりリオ・オリンピック。同時期にどこぞの左筋新聞社主催の野球全国大会があったが、あんなの小さい小さい。

やはり注目は金メダル。なぜなら、金メダルを得た選手の祖国の国旗が掲揚されるからだ。日本国の国旗が上がってゆくのを見ると、老生、もう涙である。

そして国歌。リオでの演奏はややテンポが遅かったが、荘重な「君が代」は、美しい。

しかし、その国歌を歌わない、生徒に歌わせないという教員がかなりいる。ずっと以前、音楽担当の女性教員が、ピアノで君が代を弾くと体調が悪くなる、という理由で、学校においては国歌を弾かないなどと言っていた。愚か者である。

ならば、高校生のあの球投げ球打ち大会開会式において、起立を始め、全員に国歌斉唱を求めるのはどうなるのか。少なくとも主催者の朝日新聞・毎日新聞は、はっきりとそれを求めている。のみならず観客もおそらく全員が起立斉唱している。もっとも今後は、だれかタレント一人が独唱するという形になるかもしれないが。

話を元にもどすと、日本選手において金メダルを得た者の表情を注意して見たところ、国旗が上がってゆき、国歌が演奏されているとき、ともに歌っている選手は少なかった。おかしいではないか。

日本オリンピック委員会（ＪＯＣ）の「日本代表選手団の行動規範」なるものに拠れば、公的場面では「日の丸を直視し、君が代を斉唱すること」となっている。

となると、日本の金メダル取得選手の大半は、右の行動規範に反していることになる。それでいいのか。

もちろん、きちんと斉唱していた選手もいた。例えば、体操の内村航平選手。体操団体では五人が表彰台に立ったが、歌っているのかどうか、よく分らない選手もいた。同じ金メダル組で、そういう差がなぜ生まれるのか、その理由が分らなかった。しかし、彼らが帰国後、メダル取得選手すべての合同会見があったとき、その理由がよく分った。それは、こういうわけである。

メダル取得の四十一人が、一人ずつ挨拶をしていった。そのことばの大半は共通していた。すなわち〈多くの皆さんに応援していただいて感謝します〉である。それこそ、判で押したような型通りであった。

ところが、ごく少数（三人ぐらいか）の選手はそうではなかった。内村選手は「国民の皆さんのお蔭で……」と述べていた。

ここである、重要なところは。〈多くの皆さん〉と〈国民の皆さん〉とでは、その意味は決定的に異なる。

内村選手のこのことばには、〈国家を背負って立つ〉気概《きがい》があった。それは同時に、国家に対する感謝の気持の現われであった。それが、あの国歌斉唱のときの凛乎《りんこ》とした姿となったのであろう。

率直に言って、オリンピック出場選手のために国家は巨額の予算を組んでいる。彼ら彼女らのお遊びのためではない。もちろん、オリンピックの開催されない年においても、国家は後援している。

にもかかわらず、楽しんでいますとか、仲間と仲良くやっていますとか、要するに単なる遊興としてしか見ていないメダル選手が多い。おそらく国歌斉唱をしない連中であろう。

メダル選手は、技術が高い。それは認めよう。しかしそれは、所詮、有能な道具使い（智士）にすぎない。それにとどまらず、心を持つ者（仁人）こそ、この日本に必要な人材ではなかろうか。

古人曰く、仁人《じんじん》（人格者）は国の宝なり。智士《ちし》（知識人や技術者）は国の器《うつわ》（道具）なり、と。

仁人《じんじん》は、国の宝なり。
智士《ちし》は、国の器《うつわ》なり。

漢・劉向《りゅうきょう》『新序』雑事四

獣医学部増設の意義

国会の諸委員会は、テレビ中継のあるとき、完全にワイドショー化している。野党質問者はフリップ（絵や文字説明）を示し、喧嘩腰で問い質している。いや、詰《なじ》り倒している。つまり、政府は悪人、自分らは正義の味方気取り。

そこへ三流の役者を出す。森友学園の何とやらとか、前次官の何とやら。その次官前川某に至っては、記者会見の場で、妖しげな出会い系バーに出入りしたのではないかという質問を受けたとき、首筋にドッと汗が出たのをカメラが写していた。正に語るに落ちる情景であった。

問題にしたのは、〈忖度《そんたく》〉があったのかどうかの一点。しかしこれほど愚昧《ぐまい》な質問はない。

例えばスポーツ。マラソンにおいて、一着は誰か、これは見て分かる。しかし、ボクシングの場合、判定となると意見が一致しない。先だってボクシング試合において村田諒太選手の判定負けがあったのがその例。再試合もささやかれているが、完勝ならばともかく判定などというのは忖度以外の何物でもない。

あえて言おう。この世の大半は忖度で動いているのだ、と。

もちろん「忖度して決めた」などとは、口が裂けても言わない。出てくる言葉は、「公平に、公正に、客観的に、規則に基づき、慎重審議し、将来性を期待でき、有為な成果を出しうる優れたものと、全員一致で可と判断した……」という調子。それが人間社会であることは、太古の昔から一貫している。

ただし、金銭の授受すなわち贈収賄は犯罪であり、これは絶対に許されない。しかし、〈評価〉においては、〈忖度〉があるのが普通であり、それは〈言わぬが花〉なのである。

そんな当たり前のことなどどうでもよい。むしろ獣医学部設立の意味、いや意義を論戦すべきではないのか。

獣医学部は、加計学園のそれを突破口にして、さらに増設すべきなのである。なぜか。今回の問題において、ペットの獣医師が不足などとあったが、それは端々のこと。あえて言えば、日本いや世界の運命に関わる課題解決のために、獣医学部増設が必要。その理由は二点。

その一。医学部産婦人科の重要研究部門は生殖。しかし、医学部では人体実験を行うことは、法的にも倫理的にも許されない。しかし、獣医学部では、動物実験ができる。それも大型動物を使えるので、人間の生殖分野における基礎研究ができる。その成果を基礎にして、医学部における生殖研究を前進させうる。将来的には共同研究となろう。

その二。日本は海洋国家であり、動物性タンパク質は魚類から得てきた。しかし、中国に由る海洋汚染は益々広がり、将来、魚類の安全性の保証がない。

とすれば、飼料の安全性を確保しつつ、安全な牛豚などから動物性タンパク質を国内で自前で確保する必要がある。その飼育や増殖には、獣医学部の力が必要である。

獣医学部増設の必要は、忖度問題ではなく、国家戦略の観点から見るべきである。

古人曰く、人はその一〔方面〕を知るのみにして、その他を知るなし、と。

人はその一を知りて、その他を知るなし。
『詩経』小雅・小旻《しょうびん》

医学部入試の愚かな操作

老生、大学から退いて、早《は》や幾年月。もはや大学生活は遠い昔。さりながら、緊張しつつも楽しかったのは入試であった。

こういうことがあった。そのときは、全学入試委員会の控室に出題者としても待機。不測の事態発生のときの対応役。しかし例年、大体において、まずなんのトラブルもないので気楽なものであった。

ところが事態発生。電話応接していた事務官が深刻な顔をして老生に報告。いま受験生の母親から電話あり。「今朝、息子が受験のために家から出発の折、私ども夫婦が喧嘩《けんか》。離婚するという話になった。しかし、今日は大事な受験日、子供が動揺していないか心配。そこで子に伝えてほしい、離婚はしないので、安心して受験しなさいと伝えてほしい」とのこと。

真の緊急事態以外、公正上、受験生に個別的に対応しないのが原則。しかし、事務官曰《いわ》く、母親の声は沈痛で、もしやという感じがする、と。

困った。しかし試験開始まで時間は十分にある。そこで老生、部屋にいる総長と入試委員長と急遽《きゆうきよ》相談した。その結果、特定の利益を与えるわけではないので、受験生に伝えようということになった。

使者は老生。事務官と二人で試験会場に行き、監督責任者に了解を得て、その受験生を廊下に呼び出した。

そして老生、それまでの人生でこれ以上はない厳粛《げんしゆく》な顔で言った。「今朝、あなたのお母さんから電話がありました」と言ったとたん、その受験生、こう遮《さえぎ》って静かに曰く、「離婚話でしょ。毎日言っていますよ」と。

その夜、総長の奢《おご》りで、入試委員長、老生の三人が楽しく飲んだことは言うまでもない。

大学入試は、受験生にとって人生最初の試練。大学側も真剣勝負。それを東京医科大は勝手に操作。これは許されない。同様のことが、他の医大や医学部にもあることが後に判明した。

報道によれば、男性医師が少なく病院の多忙さに対応できないので、内部で女性の入学を減らす方針にしていたとのこと。

愚かな話である。医師の仕事は、患者の緊急事態への対応ばかりではない。診断結果後、大半は患者の日常生活の指導や管理である。ならば、重大事態等《とう》の対応は医師が担当するとしても、その他は、医師の指導下に働く副医師（仮称）が担当すれば、医師の負担は大幅に軽減するであろう。

聞けば、勤務年数や内部試験等の一定条件の下、裁判所では書記官が簡易裁判所の判事に、検察庁では事務官が副検事になることができ、活躍しているとのこと。

これはいい制度だ。難関の司法試験に合格していなくとも、実務ができればそれでいいではないか。

同じく、医学界も、看護師や臨床検査技師等から男女を問わず優秀な人材を副医師として登用すれば、現在の医師不足に発する問題を相当に解決できよう。金銭を山と積んでやっと医師になれたようなぼんくらよりも、真面目に働いている逸材をこそ登用すべきではないのか。

古人曰く、良薬は口に苦けれど、智者《ちしゃ》は…疾《やまい》を已《いや》す（癒《い》やす）を知る。忠言は耳に拂《さから》ふ（逆《さか》ふ）も、明主は……功を致《いた》すを知る、と。

良薬は口に苦けれど、
智者《ちしゃ》は…疾《やまい》を已《いや》すを知る。
忠言は耳に拂《さから》ふも、
明主は……功を致《いた》すを知る。

『韓非子』外儲《がいちょ》説左上

探究心の源は高い志——近藤誠の言説

老人になると気弱になる。老生も書店に立ち寄るとなんだか健康本のコーナーに足が向く。天下国家論のコーナーよりも。

さて昨日、健康本を見ていたが、怪しげなのも並んでいる。それも著者に医師が多い。医師という看板で信頼しろということだろう。

或る本を立ち読みしたが、現代医学では、がんはもちろん、風邪も治せぬという話が延々と書かれている。いや、それどころか、医師の出す薬を飲むと寿命を縮めると来た。

また或る本は、がんに対しては外科手術をしても、内科的に抗がん剤を与えても、ワクチン（免疫）療法を試みても、効かない、治らないと論じてきて、最後に放射線治療は有効と述べている。しかし、その著者の近藤某は慶應大学放射線科の講師とのこと。これでは我田引水もいいとこではないか。さらには、病気を治すどころか、医師は薬品会社と結託して金もうけをしている——と医師を罵倒している文章を読んでいて、不思議な気がした。だったら、あんたはなんで医師をやめないんですか、世の中、放射線科医だけでいいんですかと問いたくなった。

大昔、病気は悪霊が原因と考えていた。そこで掛け声をかけながら矢を放ち、矢の霊力によって悪霊を追い出そうとした。「醫（医の正字）」の字中の「矢」はその名残《なごり》である。後には、酒で傷口を洗ったり、酒を興奮剤に使ったりしたので、「醫」の字中に「酉《ゆう》」（酒樽《さかだる》の形）が見えている（白川静『常用字解』）。

現代から見ればチャチな医療である。しかし、病に苦しむ人に対してなんとかして治そうとする人がいたことを「醫（医）」の字形は伝えているのである。

古来、患者は死の恐怖と不安との中で医師に頼る。それに応えるのが医師であり、ベストを尽くすのが医師の職業倫理なのである。

もちろん、人知の及ばぬところは多い。しかし、少なくとも今日の医学は、矢や酒に依《よ》る大昔の医学よりは格段に進歩している。

とすれば、初めから〈医学は病気を治せない〉という敗北主義に落ちこむのではなくて、治療の可能性を誠実に求めるべきであろう。

昨年、ｉＰＳ細胞研究によりノーベル医学・生理学賞を受賞した山中伸弥氏は、「日の丸を背負って……」「一人でも多くの患者さんの病気を治したい」という信念を持って努力したと述べていた。志が高いのである。

これに対して、医学は病気を治せないと言うあの放射線科医近藤某は、「ｉＰＳ細胞を使った療法も効きませんよ」と冷笑するのであろうか。

人間の探究心は、未知の世界の解明をしてきた。それは医学に限らない。人間の文化はすべて探究心の結果と言っていい。それらは志を抱くことから始まる。

にもかかわらず、探究心に敬意を払わず、ひたすら医学を罵倒冷笑するという、志の低い、いや志というものがない医師がいるというのは悲しい話である。

天医・高医・大医ということばとともに、拙医・庸医・懶《らん》医ということばが浮かぶ。いや、妖医もある。人間、堅く正しく常を失わぬ心がけが大切。

古人曰く、妖《よう》は、人に由《よ》りて興《おこ》るなり、と。

妖《よう》は人に由《よ》りて興《おこ》るなり。
人釁《きん》（気が燃えあがる）無くんば、
妖自から作《おこ》らず。

『春秋左氏伝』荘公十四年

第六章

心そして道徳こそ

——事《こと》は易《やす》きに在《あ》り。
しかるに諸《これ》を難《かた》きに求む。

〈心の旅路〉——今上陛下慰霊の旅

老生、お世話になった先生への拝面に九州へ赴いた。

その方、荒木見悟《けんご》九州大学名誉教授（中国哲学）は、世間には知られていないものの、真の大学者である。老生が中国哲学を専攻し始めたころ、すでに一流の研究者であった。のみならず、あの大学紛争で全国の大学が荒廃していたころ、老生は荒木先生から御恩を蒙《こうむ》ったのである。

ちょうどそれは、老生が名古屋大学に助教授として勤務していたときのこと。荒木先生からお言葉をいただいた。九州大学の助手（現在の助教）に採用するから、名古屋大学に適切な人物がおれば推薦せよ、と。

九州大学文学部は、名古屋大学文学部よりも歴史は遥かに古いし、無職の若い研究者も多数いたはずである。にもかかわらず、名古屋大学にお声掛けいただき驚きかつ感激した。もちろん、ただちに上司の教授と相談し、某君を推薦し、御採用いただいた。

その人事が正式に決定したあと、荒木先生からお手紙をいただいた。お心こもったお言葉を拝読、最後の日付にこうあった。「横井小楠《しょうなん》　横死の日」と。

新助手の某君に、覚悟して赴任せよ、というお気持と拝察した。後に聞くところでは、大学紛争後の九州大の青年研究者らに対して、人材は九州以外にもいるぞというショック療法であったとのこと。しかし、名古屋大学の研究室としては名誉な話であった。

かつての大学教授には、荒木先生のような豪の者が存在していたのである。その諸伝説が残っている。荒木先生はちょうど白寿《はくじゅ》（「百」字から一を除くと「白」すなわち九十九歳の賀）であったので、お慶びを申しあげて帰阪した。

それから一週間後、御家族から先生の御訃報が伝えられたのである。先生が易簀《えきさく》（逝去）された日は、なんと老生がお伺いした翌日だったとのこと。声を失った。

老生、近ごろ訃報に接することが多い。その亡き方々を想う日々である。

ふっと思った。僭越《せんえつ》ながら、高齢の老生よりも数歳御年長の今上《きんじょう》陛下のお気持――死者に対する哀切な御感情を、である。

陛下や老生などの世代は、大東亜戦争のころ、少年であった。

少年のことである。われわれが国家を担うという気持であった。それこそ欲も得もなかった。〈鬼畜米英〉ということばを当然のように受けとめていた。

そして終戦。多くの戦死された方々への懐《おも》いには、実感があった。別《わ》けても、南の島々において絶望的な第一線に在って戦死された方々、特別攻撃隊として散華された方々、その英霊を想うと粛然《しゆくぜん》とする。

昭和十年前後生れの者には、わずかにせよ戦争期の実経験がある。言わば、戦争期体験の最後の世代であろう。昭和十一年生れの老生はその一人である。恐れ多くも、今上陛下もその世代のお一人である。

その陛下が、いみじくも譲位のお気持を明らかにされた。目下、政府は制度上をはじめ諸種の準備をしている。それはそれでよい。しかし、最も大切なことに気づいていないような気がする。

すなわち、陛下におかせられては、御譲位後、先の大戦において亡くなられた方々への鎮魂――慰霊の〈心の旅路〉を求めておられるのではなかろうか。それは、昭和天皇のお気持に通ずる。日本人は亡き人を見捨てたりはしない。たとい路傍《ろぼう》の人であっても、日本人は鄭重《ていちよう》に弔う。のみならず、遠くからながらも亡き人を追慕《ついぼ》し、慰霊する。

御譲位後、陛下に雑事を絡ませることなく、お心静かな日々をお過ごしいただけるようにすることが第一であろう。政府は御譲位後の制度や形を中心として議論しているが、大切なのは心なのである。陛下の慰霊の〈心の旅路〉を遠くから拝し申しあげるのみである。

古人絶唱すらく、金州城外、斜陽（夕日）に立つ、と。

＊日露戦争時、旅順攻撃において多くの将兵が戦死したが、乃木はその司令官であった。詩中の「転《うたた》」は、まわりすべて、ますますの意。征馬は乃木の乗る軍馬。金州は中国旅順市の東北二十五キロに在る都市。

> 山川《さんせん》草木　転《うた》た荒涼《こうりょう》
> 十里　風腥《かぜなまぐさ》し　新戦場
> 征馬《せいば》前《すす》まず　人《ひと》語らず
> 金州城外　斜陽に立つ
>
> 乃木希典《まれすけ》「金州城下の作」

欧米物まねの別姓運動

平成二十七（二〇一五）年は夫婦別姓（別氏）問題についての議論が盛んであった。その諸議論を読んでいると、別姓派は便宜的な実用的な観点が中心であり、また、実家において使ってきた親近感が失われるという気分を重視する。反対派は、同一姓による家族の一体感を重視している。両派ともにそれぞれの言い分があり、平行線となっている。

そこで、両派の頭を冷やすために、実質的な、かつ基本的な大きな背景について述べたい。民法学者の中川善之助は「婚姻をしても夫婦夫々《それぞれ》の氏に変動は起らないというのが、キリスト教国を除く世界諸民族の慣習法であった。中国然《しか》り、韓国然り、そして日本また然りであったのである」という（拙著『儒教とは何か』四頁）。

その日本における儒教的な夫婦別姓に対して明治二十三（一八九〇）年、法律家の井上操《みさお》は「然レドモ幕府以来実際ハ夫《おっと》ノ氏ヲ称シ、現ニ今モ夫ノ氏ヲ称シ戸籍ノ如《ごと》キモ別ニ実家ノ氏ヲ示サズ。故ニ習慣ニ悖《もと》リタルニアラズ。実際現行スル所ニ従ヒタルナリ」（拙著『家族の思想』一四九頁）と述べる。

こうなると、いったいどうなっているのか、ますますこんがらがってくる。老生は、前記拙著等《とう》を通じて夫婦別姓問題について自説を論じたが、ここでは紙幅の制約上、大筋の方向についてだけ述べる。

その大きな背景としては、幕末に結んだ不平等条約の改正という明治政府における大問題があったと老生は見る。

例えば明治初期、国内における欧米人の犯罪を日本の法律で取り締まることができず、いわゆる治外法権となっていた。その上、外国の輸入品に対して関税を課する関税自主権がなかった。

そのため、条約改正を欧米に要求したところ、欧米は自国の利益や自国人の保護のため、欧米の諸法律のような法律の公布を要求した。

そこで、犯罪は人間共通なので刑法はすぐ作れたが、民法には苦しんだ。別《わ》けても親族編には。なぜなら家族の観念が欧米先進国と異なっていたからである。

大激論の結果、欧米キリスト教文化圏の家族が持つファミリーネームを取り入れ、明治民法第七四六条「戸主及ヒ家族ハ其家《そのいえ》ノ氏ヲ称ス」ことにし、夫婦同氏となったのである。決して夫婦同姓ではない。

これはキリスト教文化圏である欧米の模倣であった。そして長い時を経て今日に至っている。

ところが、第二次世界大戦後の欧米において、女権拡張運動が起こり、その波の中で、欧米諸国においてファミリーネームからの脱却が始まり、今日に至っている。

この波に乗ろうとしているのが日本の〈夫婦別姓（別氏ではなく）〉運動である。要するに欧米女権拡張運動の物真似《まね》である。

と述べてくると、こう言えよう。どうして日本は欧米にこうも弱いのかと。明治のときは、キリスト教文化圏のファミリーネームを真似、第二次大戦後では、欧米圏の女権拡張運動に乗ってファミリーネームを捨てて別姓化へ走ろうとしている。そんなに欧米に振り回される生きかたでよいのか。

古人曰く、事《こと》究《きわ》めずして、強《し》ひて成すべからず、と。

事《こと》究《きわ》めずして、
強《し》ひて成すべからず。

『説苑《ぜいえん》』談叢《だんそう》

安物の人権論――滝澤三郎の言説

呆け老人となった老生、近ごろ、浮世のできごとに付いてゆくのが難しい。

先日、産経新聞平成二十九年五月二十五日付にこういう記事があった。「昭和四十九年から五十年にかけて『東アジア反日武装戦線』を名乗って東京・丸の内の三菱重工ビルを爆破するなどした……大道寺《だいどうじ》将司《まさし》死刑囚（六十八歳）が……死亡した。東京拘置所によると……抗がん剤治療を受けていたという」と。

この話、老生、わけが分らなかった。同紙に依れば「昭和六十二年、最高裁で死刑が確定した」とのこと。すなわち死刑確定後、約三十年も生き続け、無料（おそらく）で抗がん剤治療まで受けていたという話ではないか。

そもそも死刑確定者の病気を治療するというのは、どういう意味なのであろうか。殺すと決めた人間を三十年も生かしておき、その挙句、延命のための病気治療までするというのは、論理的におかしいのではないか。老生の呆けた頭脳では理解不可能。

事件発生から最高裁判決までで、すでに十二年も経ている。死刑確定したならば、その執行の最高責任者である法務大臣は、大道寺死刑囚に限らず、諸死刑囚に対してどんどん死刑執行命令を発すべきである。死刑囚に食事を出したり、風呂に入れたり、病気治療をしたりするのは、それこそ税金のムダというもの。

と述べると、顔色を変えて老生に非人間的と怒鳴るのがすぐ出てくる。死刑廃止論者や人の生命は地球より重いなどとバカなことを言う、自称人道主義者や地球市民派などなど、そこらに転がっている石なみの似非者《えせもの》だ。

そういう連中に共通するのは、例えば、かつて政治屋であった河野洋平のように、薄っぺらで書物の中だけで生きているような、安っぽい〈ヒューマニズム〉様様《さまさま》の感覚。そんな連中がいっぱいいる。

例えば、国連UNHCR協会の滝澤三郎理事長は「国際的に『日本は難民に冷たい』という印象が広がり、日本を素通りしている。米国が門戸を閉ざすなか、受け入れ数を増やすべきだ」と指摘する（朝日新聞平成二十九年二月十一日付）。つまり、難民をもっと受け入れよ、だ。

この滝澤某、どういう人間か知らないが、要するに難民様様、難民様生命《いのち》。それも口先きだけ。それほど言うのならば、己れの住居に難民あるいは難民身分申請者を何人受け入れたと言うのだ。おそらく零であろう。己れは口先きだけの人道主義者、費用は国家が出せという、よくある商売左翼。

そもそも（「基本的には」と言ってもいいよ）、難民とは、どういう概念なのか。

例えば、某国に生まれたとする。しかし、その政権担当者が独裁者であり、しかも贅沢《ぜいたく》な暮しをして国民のことを考えない。こういうとき、必ず抵抗運動をし政権を倒そうとする人々が出てくる。しかし、事は簡単でない。徹底的に弾圧される。逮捕した後、拷問をして処刑。けれども何人かは難を逃れるために外国に出ることはあるだろう。そういうような人を難民とするのは、まだ分る。

しかし、そうした状況下では、ただ単に国を捨てて、別の国でいい生活をしようとする利己的な連中が出てくる。けれども、己れの祖国に踏みとどまって、なんとか祖国をいい方向へ持ってゆこうというまともな人々は、そういう道を採らない。

つまり、国外へ脱出しようとする者には相当数の利己的な者がいる。そういう連中を日本が保護しなければならない理由はない。

それに、その種《て》の利己的難民が我国に住みついた場合、日本人は難民のための費用を負担するのみならず、日本の治安悪化の危険状況となること確実である。なぜそこまでして難民を受け入れなければならないのか。

老生、危険な状況となる難民受け入れに反対である。己れの民族の心を有する者は、どんなに苦しくとも自国に留まり、己れの祖国改善のために努力すべきである。

古人曰く、〔天《てん》〕命《めい》を〔真に〕知る者は、巌牆《がんしょう》の下《しも》〔のような危険状況〕に立たず、と。

> 〔世界は天〕命（天の命令）〔の下《もと》〕に非《あら》ざるはなし。〔……〕
> 〔天〕命を知る者は、巌牆《がんしょう》（崩れかかった高い土塀）の下《しも》に立たず。
>
> 『孟子』尽心上

〈人間の屑〉に永山基準不要

新春早々、大阪の或るところで、人の生命はなによりも大切、人の生命を奪う核兵器をなくしましょう。人を殺し戦争を始める政治反対……憲法改悪反対……といったことばを撒《ま》き散らしながら、デモ行進する連中と出会った。

彼ら彼女らの面付《つらつ》きは、こうだ。自分たちは、絶対善の行動をしている。生命が大切、戦争反対、憲法を守れ、だから改悪反対という決まり文句を善とし、それに対して文句を言う者は悪だと決めつけている。

しかし、連中の言行は、あまりにも単純であり抽象的である。もし、人間の生命を守れと言うのならば、大阪で最近起った残虐な殺人事件二件に対して、われわれはそれを防ぐことができなかった、すなわち殺された人の生命をわれわれは守ることができなかったことに対して、どう答えるのか。生命、生命、生命と言うのならば、法を守りどの生命でも大切にしてゆかねばならないのではないのか。

その二件の殺人事件は筆も重い凄惨《せいさん》な顚末であるが、こうである。

一つは、四歳の男児に対して、二十六歳の実母と昨年十一月から同居した愛人の男二十四歳、そして奇妙なことにその愛人の男性友人二十歳が、その後十二月末までの一カ月、男児を暴行虐待して死に至らしめた。男児は実母を含めた三人の暴行に、どんなに辛《つら》く悲しかったことであろう。涙が出る。

いま一つは、三十三歳の女性。中学生のころ、精神疾患があったことが原因で、現在五十代の実父母が十五年前から自宅の或るところに二畳ほどの場所を作って監禁し、一日にわずかの食事を与え、裸にしていたらしく、昨年十二月中旬、凍死した。その女性に別居していた妹がおり、女性の死後、両親に自首を勧めたというが、この妹も広い意味では共犯者である。精神疾患のため、本人は人間関係の理解ができなかったかもしれないが、頼るべき家族三人に由《よ》る虐待、そして死である。

四歳の男児を暴行虐待して死に至らしめた実母を含む三人、三十三歳の精神疾患のある女性を狭い空間に十五年も裸で監禁して凍死させた実父母・妹の三人、彼らは、敢えて言おう、〈人間の屑《くず》〉である。なんの弁解の余地もない。だれが見ても死刑相当である。

しかし、こういう屑に限って、反省するどころか、ひたすら保身を図ることであろう。

しかも、どうせ弁護士に依頼する金銭的余裕がないので、国選弁護人を付けてもらい、己れの命請《いのちご》いを必死になって行なうことであろう。

われわれ一般人の常識的感覚では、当然、死刑にすべきである。しかし、驚くべきことに、永山《ながやま》基準すなわち二名以上の殺人を行なった者にしてはじめて死刑要件が満たされるという裁判基準があるという。

愚かな話である。刑事事件は、それぞれ事情が異なるのであるから、個々について判断をすべきではないのか。同じ殺人事件であっても、犯人にやむをえなかった事情があったときは死刑から罪を減じるのは分る。

しかし、〈人間の屑〉に対しては、なんの遠慮があろう、更生の見込みなどはない。死刑に処すべきである。永山基準とやらに縛られる必要はない。

遠い昔のことである。「法三章」という故事がある。秦の始皇帝が創設した秦王朝は、始皇帝没後、瓦解し、漢王朝が成立する。初代皇帝の劉邦は、秦代にはあまりにも法律が多く人々が苦しんでいたので一掃したが、刑法の三章だけは残した。すなわち、殺人・傷害・窃盗に対する刑罰。これだけは残し実行した。

殺人の場合、当然、死刑である。明快ではないか。ただし、正当な国家意志に基づく場合、例えば戦争のときは、敵を殺しても罪に問われない。当り前のことではないか。
デモ隊の「人の生命はなによりも大切」という抽象的一般論は、空虚な観念論である。
古人曰く、人を殺せし者〔に〕は死〔罪〕、人を傷つくと盗《とう》と〔に対して〕は、〔定めた〕罪に抵《あた》る、と。

人を殺せし者は死〔罪〕、
人を傷つくと盗《とう》と〔に対して〕は、
〔定めた〕罪に抵《あた》る。

『史記』高祖本紀

利己主義者の洪水

まだ四月だというのに、大学生はもう就職活動、いわゆる就活の時期に入ったとのこと。その特集報道を新聞で読んでいて非常に不愉快な事実と出会った。記者の取材に答えて、就活学生が内定（会社）数を挙げていた。内定三とか、四とかと。

それはおかしいではないか。

もし、会社から採用内定の通知が届いたならば、ただちに就職する会社を決め、そこへお礼と入社後はがんばりますという返事を出す。そして第二、第三等の内定通知は、すぐさま辞退の返事をすべきである。

にもかかわらず、内定通知が来たあと、順番に承諾の返事を出し、その三社の内、どれを選ぶか、じっくり考えるという。

ということは、三社の内、二社は採用計画が狂うのみならず、その二社に採用される可能性のあった学生の就職機会を奪ったことになる。

こんな学生を採用しても、ものの役に立たない。単なる利己主義者を雇うことになるだけではないか。

さらに言えば、新卒者の離職率が高いのも、こういった学生の増加が一因なのではなかろうか。

己れの内定数を三とか五とかと誇るのは、人間としての資質にどこか欠けるところがある。つまりは、大学教育を受けたとしても、道徳性を高められなかったということだ。そうなると、教育の問題というよりも、その人間自身の持つ欠陥の問題であろう。

そういう欠陥例の最たるものは、子の虐待死という行為である。

若者男女がくっついて同棲《どうせい》。やがて子が生まれると男はどこかへ逃げだす。女は再びつまらぬ男とくっつき、今度は己れの実子を男とともに虐待して殺す。男は二人とも無職。

これは、己れだけが幸せになればいいとする利己主義そのものである。のみならず、反省とか悔恨といった謙虚さなどまったくない。その実例が最近あった。

大阪の寝屋川市において一歳の三女を虐待死せしめた両親（二十八歳と二十九歳）に対して、平成二十四年三月、大阪地裁において裁判員裁判による判決があった。検察による求刑は、両被告ともに懲役十年であったが、判決はそれを上回る懲役十五年であった。

事件の悪質さからすれば、検察の求刑は軽いと裁判員たちが判断したわけである。実にすぐれた判断である。その通りだ。軽い求刑しかできなかった大阪地検は、同地検で起きた〈検事の証拠捏造《ねつぞう》事件〉以来、及び腰になっていたのかもしれない。

さて後日、この両親は控訴した。理由は、判決が重すぎるからとのこと。呆《あき》れた。なるほど控訴する権利はある。しかし、この理由は何の反省もないことを示している。無抵抗の乳幼児に対して犯した罪は、非人間的〈殺人〉であり、本来、万死に値する。真に反省するならば、いかなる罰をも受け入れるべきである。その反省などまったくなくて、重いの、お助けを、軽くに、という利己そのものであり、人間として欠けている。こんな連中までを守る法とは何なのかと疑う。

しかし、求刑を上回る判決――乱世の昨今にあって、みごとな春光であった。

古人曰く、君子は刑《けい》（責任を取る覚悟）を懐《おも》ひ、小人は恵《めぐ》み（お助け）を懐ふ、と。

君子は刑《けい》を懐《おも》ひ、
小人は恵《めぐ》みを懐ふ。

『論語』里仁《りじん》

追記

平成三十一年一月、千葉県野田市で、実父によって虐待を受け続け、十歳の少女が虐殺された。母親も共犯といっていい行動であった。老生は、鬼畜の両親には極刑をと願っている。なにもできない老生夫婦は亡き少女の菩提(冥福)を祈り、日々、涙ながらに読経し奉っている。

国防と志願兵の覚悟と

六十年以上も前、老生二十代のそのころ、若者の最高娯楽は映画であった。以来、老生、映画好きである。

先日、沖縄戦を舞台としたアメリカ戦争映画『ハクソー・リッジ』を観た。実話に基づいたとのこと。主人公の青年は、或る宗教信仰に基づく殺人拒否者であったため、武器を持つことを拒否する入隊者であった。米軍としては困った。

ふつう、そういう良心的兵役拒否者は、兵役の代りに、徴兵期間中、隊外での特別任務を当てた。その任務は過酷なものである。例えば、超高温の製鉄現場とか、鉱山での採掘場とか、伝染病棟とかでの仕事。

ところが、主人公は徴兵でなくて志願兵であった。その信条として武器を持たない。しかし、人を助けたい、と言うのであった。

結局、同じ兵士でも戦闘用員でなくて衛生兵として勤務することとなった。衛生兵は戦闘時の自軍負傷者に対する治療を担当する。

その衛生兵となった主人公は、沖縄戦での大激戦地であった前田高地において、計七十五人の負傷兵を救った。敵であった日本兵二人も。この激戦地に百メートル近い絶壁があり、米軍はそれを乗り越えてゆくのであったが、主人公は負傷兵を助け出しては降下作業を続けたのであった。負傷兵一人を降したあと、神に「あともう一人、生命を救わさせて下さい」と祈り、何度も戦闘地に向う姿は、感動的であった。

この前田高地の絶壁を米軍はハクソー・リッジ（鋸《のこぎり》のようにぎざぎざの崖《がけ》）と名づけていたとのこと。もちろん、映画であるから、或《あ》る程度の演出はしかたがない。

右のような筋立てを書くだけであると、映画の単なる紹介に終ってしまう。しかし老生、この映画に感銘を受けたのは、身の危険を顧みず、負傷兵を救う主人公の姿だけにとどまらず、もう一つの点においてであった。

それは、主人公が志願兵であった点である。主人公が、もし志願していなければ、徴兵されなかったかもしれないし、仮に徴兵されたとしても、良心的兵役拒否者の任務としての戦地外での生活があった。にもかかわらず、あえて志願したその理由をこう言っている。日本軍に由《よ》る真珠湾攻撃、そして開戦があったので、村の友人と同じく、志願した、と。

老生、大東亜戦争のとき、日本の大学生らが学徒出陣したシーンを見るたび、胸をしめつけられる思いである。

しかしその出陣は、昭和十六年十二月八日開戦から一年半後の十八年秋のことであり、その間、大学生は兵役が免除されていた。

後年、出典を失念して申しわけないが、或る所説を読んだとき、衝撃を受けた。真珠湾攻撃直後、アメリカのアイビーリーグすなわちハーバード大学、イェール大学など中心的諸大学の学生が自主退学し、志願兵として出陣してゆき、関係諸大学は学生激減のため、休講状態となったという。

映画主人公の衛生兵のような普通生活者も、アイビーリーグ在籍のエリートも、ともに一兵卒として兵役志願したのである。もちろん、国家のための畏るべき覚悟からである。それを嘲笑したり冷笑したり非難したりすることができるであろうか。

国家存亡《そんぼう》の危機に際し、己れの生命を差し出すことのできる真の勇者が、今日の日本において、自衛隊員以外、何人いるであろうか。

となると、はなはだ心もとない。今日の学校教育における無惨な無論理平和主義から出てくるものは、虚しい〈話合い路線〉だけである。国防という大事について、ほとんど触れられてもいない。

しかし老生は、凡庸にして無責任な大人ではなく、若者たちの自然な正義感に基づく国家への忠誠心が必ず起り、我が国を救うであろうと期待している。

古人曰く、大道　廃《すた》るれば〔かえって〕仁義あり。……国家（故国）昏乱《こんらん》（非常事態）すれば、忠臣*あり、と。

＊「貞臣・忠信」とも。

大道　廃《すた》るれば〔逆に〕仁義〔現わるる〕あり。

……中略……

国家昏乱《こんらん》すれば〔逆に〕忠臣〔現わるる〕あり。

『老子』十八章

道徳には三種の分野——教材に演歌を

近ごろのできごと、分らぬことが多い。例えば、集団行動のときの掛《か》け声。重い物を数人で持ち上げるとき、ふつうは「一、二の三」で「三」のとき持ち上げる。すなわち「一、二、ヨイショ」の感じである。しかし、もしもだれかが「一、二の三、ヨイショ」という掛け声を掛けると、掛けた人以外はこけてしまう。だめ。

ところが、近ごろの若者は、どうも「一、二の三、ヨイショ」らしいのである。と言うのも最近はカウントダウンとやらの方式がふつうらしいからだ。

カウントダウンは、テレビ番組に多い。「三、二、一」ときて、次のゼロに当たるとき、映したいものを映しだす方式だ。その影響で、重い物を持ち上げるときは「三、二、一、ヨイショ」となるか。これでは、老生など、こけてしまうわ。

やはり、昔からの、だれもが身につけてきた感覚や習慣を大事にすべきではないのか。特に道徳がそれだ。小学校・中学校における道徳教育に対して、否定的に文句を言っている人が多いが、そのほとんどは、道徳教育そのものを、始めから〈悪《あ》しきもの〉という先入観で見ているのみならず、その論説の最大欠点は、道徳の基本がよく分っていないことにある。

念のため、道徳の基本を言おう。道徳には三種の分野がある。(一)絶対的道徳、(二)相対的道徳、(三)修養道徳である。

(三)は、個人の問題であり道徳教育には入らない。すなわち、自分なりに実践できる徳目を考え、見つけ、それが自分の身につくように努力し続けること。それも一生をかけて。例えば〈まごころ〉を生涯実践し続けて自分を鍛えるとか。

(一)は、古今東西を問わず、絶対に変わらない道徳。例えば、人を殺さない、盗みをしない、放火をしない、人の心を傷つけない、規則は守る……等《など》。これは必ず強制的に教育する。だれが何と言おうと、これは大人が社会が未成年者に教え、その実行を求めるものである。

(二)は、条件つきでの道徳。例えば、陸地から遠く離れた海上での話。一人しか乗れない舟に三人が乗ったとする。これでは舟もろとも沈んでしまう。どうすればよいか。そういう問題を出して考えさせる、議論をさせる道徳教育である。

いろいろな答えが出てくる。例えば、三人ともそのまま乗り続けいっしょに死のう。ジャンケンで勝った者一人だけが残ろう。一番若い人が残ろう。一番年長者が残ろう、病気のない人が残ろう……というふうに。これはモラルジレンマ（道徳における苦渋の選択）と言われるものである。

討論する。答えはない。けれども、その討論が児童生徒の頭脳を活性化し、かつ道徳への関心や理解を深めることになるのである。

しかしこれらは論理。それに加えて道徳教育には心にしみるものが必要。となると、日本人のための教材としては偉人伝もいいが演歌がいい。演歌は、独り謡《うた》い独り聴くものだ。そういう演歌は今の若者（半西洋人）には受けず、おそらくしだいに消えてゆくことではあろう。しかし、老生ら〈時代遅れの日本人〉だけではなく、分る者には分る。なぜなら演歌には日本人の心情が籠《こ》もっているからだ。島津亜矢《あや》が歌う「いのちのバトン」には日本人の死生観に通ずるものがある。家族について実《まこと》しやかに説く世のいかなる道徳論も、森進一が絶唱する「おふくろさん」一曲に遠く及ばない。

古人曰く、事《こと》は易《やす》きに在《あ》り。しかるに諸《これ》（学ぶこと）を難《かた》きに求む、と事《こと》は易《やす》きに在《あ》り。
しかるに諸《これ》を難《かた》きに求む。

『孟子』離婁《りろう》上

終章

政策の具体的提言

——人 遠き慮《おもんぱか》り無くんば、必ず近き憂《うれへ》あり。

本書の読者諸氏に御礼《おんれい》申しあげる。序章からここまで、老生の罵詈雑言《ばりぞうごん》によくぞお付き合い下さり、感謝申しあげる。

しかし、これでお別れとは切ない。せっかくの縁《えにし》なれば、御礼までに、悪口とはいえ、老生にも本音には多少の良きところもあるので、その本音、すなわちわが日本国を少しでも強化できる方法、それも具体的な方法すなわち政策案を以下に申しあげたい。

もちろん、その最終目標は、国会、地方議会を問わず、現在の諸政治家への提言である。中でも、国政を預かっている政権諸公におかれては、ぜひ御採用いただきたい。

さて老生、大阪人ゆえ、そこらの怪しげな政治学・経済学等の学者先生が言うような難解で抽象的な言辞は弄《ろう》さない。あくまでも即座に実行可能な徹底的に具体的な内容を有する提言である。

アベノミクス第四の矢を提案する

老生、国会での質問をテレビで視ていて感じた、まるで子どもの喧嘩。野党は、細かいこと、例外的なこと、特殊なこと等々を論《あげつら》っている。いかにも審議〈審《つまび》らかに議《ぎ》す〉ではある。

しかし、国家と軍備とについては、不動の真理がある。そのこと千年も前に軍略書がすでに喝破《かっぱ》している。「国《くに》　大なりといへども、戦ひを好めば、必ず滅ぶ。天下　平《たい》らかといへども、戦ひを忘れなば、必ず危ふし」（『司馬法』仁本）と。前半は今の中国について、後半は今の日本について言っているような格言である。

小理屈審議を終え、安保関連法案成立の今後、次は憲法改正であり、これは安倍首相にしかできない大業である。

その達成のためには、改正可能の状況作りをまず行うべきであろう。

では、どういう状況作りなのか。

それは決まっている。安倍政権が政治の本質すなわち希望を国民に与えることである。希望があると、人間はしぜんと明るくなる。以前の民主党政権が地に墜《お》ちて転がったのは、政策に夢も希望もなかったからである。

安倍政権発足後、アベノミクス第一の矢、第二の矢は国民に希望を与え明るくなった。ならば、第三の矢は、と言えば、残念、迫力に乏しい。希望が見えない。有るのかもしれないが、よく理解できない。どれほど名案であっても、国民に分りやすいものでなくては、白紙に等しい。そこで、第四の矢を放つべきと思う。その第四の政策は、政治家・省庁官僚が立案すべきであるが、おそらく出てくるものは〈常識的〉すぎ、明るさがない、つまりは〈希望〉がないであろう。

そこで老生、民間草莽《そうもう》の身ながら、この第一節において、まずは政策の具体的な大筋を建議いたしたい。これまですでに、月刊誌等において主張してきたものではあるが、安倍首相には届いていないように見える。そこで声を大にして下記十項目を再主張いたしたい。まずは個条書きにするが、以下の各節において、一つずつをテーマに論述してゆく。もし必要とあらばいつでも関係者に詳細の説明に参上する覚悟である。

① 中学生以上の者は、社会福祉関係の施設等で無料の労働奉仕をし、一時間につき一

ポイントを得る。それを貯めておき、老後に同条件で自分用に使う。その求めに応じた者は使用分の同ポイントを譲り受けて貯めてゆく。金銭は一切不要。もちろんＩＴを駆使して厚労省が管理する。ポイント売買は刑法の対象として厳罰に処す。ただし三親等内は贈与可能。このポイント制により介護予算は不要に近くなる。

② 通貨としても使える特殊国債の発行。この国債は無利子だが相続税なし。この国債によって従来の赤字国債千兆円を二十年内に零にできる。インフレは起こらない。この件につき、もし反対する財務秀才官僚がいても、論破する自信あり。

③ 大都会の公立小・中学校敷地に高層マンションを建築（三階以下は学校分）。幼稚園・保育所も併設。その学校に通う幼児・児童・生徒がいるかぎり家賃月額五千円（三ＬＤＫ）くらいで住めるようにする。夜間は信用できるいろいろな塾に貸す。通学（夜間塾も含めて）は建物内のエレベーターなので安全を確保できる。これは、まずは住宅費を安くする少子化対策。

④ 離島管理士・森林管理士の資格の創設と準公務員としての採用。そして日本在住の外国人約三百万人に対して国防税を課す。年間十万円。計毎年三千億円の同税を離島・森林の管理の費用に充《あ》てる。

⑤　海力発電（干満や潮流や潮流落差等を利用）を瀬戸内海中心に行い、電力問題を解決。その設備については巨額の公共投資を行なうことによって、経済活性化。

⑥　全国立大学入学定員約十万人の〇・一％（約千人分）を沖縄の高校生枠とし、面接だけの推薦入学にする。我が国防衛の第一線である沖縄に対する国民の感謝の一端を表す。

⑦　国に依《よ》る大企業誘致を行い沖縄県民の所得を上げる。また沖縄本島の南北に新幹線ならびにＳＬ線を引く。

⑧　教育改革。ⓐ高校普通科に技術学校併設。ⓑ過疎地の学校の利用と生徒の定期合宿。ⓒ医学部の入試改革。ⓓ老人の小学校再入学。

⑨　税収増の秘術。

⑩　対中国の戦略。

老生、今や欲も得もない。我が国の安泰を祈る日々であるので、人生の先輩としていささか手引きいたしたいのである。右の条々、以下の各節において詳述する。

古人曰く、夫《そ》れ能《よ》く之《これ》を知るや、凡石《ぼんせき》すら光気《こうき》を生ず。〔能く〕之を知らざれば、金玉とて潤色《じゅんしょく》なし、と。

夫《そ》れ能《よ》く之《これ》を知るや、
凡石《ぼんせき》すら光気《こうき》（いろどり）を生ず。
〔能く〕之を知らざれば、
金玉とて潤色《じゅんしょく》（美しいいろどり）なし。

『論衡』別通

介護対策・赤字国債の抜本的改革

政府予算案が出ると、すぐに野党・メディア・政治経済方面の大学教員らが、どの分野は多いの少ないのと数字の勘定だけをし、それが批判だと思っている。愚かな話である。どこをどのように正すべきかという具体案を出し、政府にそれを取り入れさせるのが真の批判ではないのか。

老生、中国哲学専攻。使う資料は漢文。分かりやすく言えば、古典芸能保持者（漢文）なる者であるが、傍目八目《おかめはちもく》ゆえに、その立場から日本国再建予算案をあえて述べたい。それらの案は、すでに何度も諸処に記したのだが、誰も相手にしてくれず三十年。

第一点は介護予算。介護福祉士らの待遇改善として給料増を言うが無理。なぜなら、もしアップすると看護師が黙っていない。そこでアップすると次は医師が黙っていない。結局、医療関係者全体の給料アップ。そんな金銭《かね》、どこにあるのか。

とすると外国人頼み。これは絶対反対。彼らが住みついた老後、自分だけのために勝手なことを言う外国人どもに対するその処遇で国家は危機に陥る。

ではどうするのか。ポイント制にする。中学生以上の身体を動かせる者は、社会福祉関連を中心に公共機関に労力提供する。介護でも植木剪定《せんてい》でも物の移動でも草引きでもなんでもいい。そしてその後、しかるべき形の認定を経て、一時間につき一ポイントを得る。それを継続積算してゆくと、例えば中学生から六十歳に至るころまでの間に二万ポイントとなる。このポイントを自分の介護に使う。例えば四時間分の四ポイントを使う。その分を働いた人は四ポイントを得る。金銭は一切不要。ポイントが動くだけ。ポイントを売買や譲渡した者は刑法上の実刑を科す。ただし、三親等内では無償提供できる。例えば、東京に住んでいる人が、遠く熊本に住んでいる独り身の叔母に千ポイントを贈り、間接的に介護できる。

これは介護福祉士の待遇改善にもなってゆく。例えば、介護福祉士は、本来の専門技術的労働以外、ベッドメーキングや細々した雑務まで担当している。そこで専門介護の仕事以外の素人でもできる仕事を手伝えば、介護福祉士の労働を軽減することが可能である。

このポイント制によって、介護費用の大半は不要となり、重症者にのみ介護福祉士らが当たる。この制度の組織・運営は厚労省が行う。文科相もその教育に当たり、中高生を積極的に参加させる。そのポイント数はあらゆる大学・高校の入試の評価にも加えさせる。

第二点は財政赤字の解消。わが国は一千兆円の国債（借金）を発行しており、その償還分や利子を含めて、毎年四十四兆円の新規国債を発行。借金返済のための借金をしている。その全面解決のために、政府は以下のようにすればよい。すなわち〈日の丸国債〉（以下Aと略記）を毎年五十兆円分発行し、二十年後に現国債一千兆円をゼロにする。

Aとは、一万円札印刷後、日の丸と日付とを刷り加えた、政府発行の国債兼通貨である。Aは一万円につき百円は担当金融業者（例えば銀行）の手数料、三百円は税（唯一、最初にして最後の税）とする。すると五十兆円分発行で毎年の税収は一兆五千億円。

Aの購入者には銀行等に日の丸口座開設を義務づけ、現金（現行の日銀発行券）を使ってAを買う或いは得たあと、Aをその口座に入れる。出すのは自由だが日銀券は出ず、Aだけしか出てこない。またAは無利子で償還は三十年後とする。

このAは通貨でもあるので、日銀券（現在の通貨）と同様の価値があり流通できる。

さて、Aに対して相続税はかけないとする。ここが最大ポイント。これによって相続税の悩みはなくなる。推定約一千六百兆円と言われる〈悩み金《がね》〉が安心して世に出てきて、Aを買う。もちろん、日の丸口座に入ったAは、必要なときいつでも現金Aとして引き出せるが、なにしろ相続対策なのであるから、おそらく大半は日の丸口座に入ったままで動かないであろう。すなわちAが通貨として出てくるのはわずかでインフレにはならない。せいぜいソフトインフレの適当な物価上昇にとどまり、景気は上向く。A発行によって、税務署は黙っていても毎年一兆五千億円の税収だ。

一方、通貨（日銀券とAと）はいずれ日銀にもどってくる。そのときAを選び出し焼却する。百年〜百二十年間、焼却し続けるとほとんどなくなり、若干は骨董品として古美術界に残るだけ。金銭は幻想の産物、消えゆくAに諸行無常の葬送ということか。いやいや、Aという〈政府の贋金作り《にせがねづくり》〉で財政再建できればそれで良いではないか。老生、賢人・高士ではなく、小悪人であるが、この提議を政府は受け入れられよ。

逆説的表現を許されよ。古人曰く、賢《けん》を緩《あな》どり（侮《あな》どる。李漁叔の解釈に依る）士を忘れて、能《よ》くその国を以て存するは、未《いま》だ曽《かつ》て有らざるなり、と。

賢《けん》を緩《あな》どり（慢侮《まんぶ》し）士を忘れて、
能《よ》くその国《くに》を以《もつ》て存《そん》するは、
未《いま》だ曽《かつ》て有らざるなり。
『墨子』親士

少子化対策の切札

「一箭《いっせん》雙《そう》(双)雕《ちょう》」という成語がある。そのことばの「箭」(矢)を「石」、「雕」(鷲)を「鳥」という漢字に替えて言えば、「一石双(二)鳥」——もっとも、一石二鳥は英語のことわざを訳したとのこと。

この「一石二鳥」は、一挙両得という妙案を表すことばとして使われているが、もともとは、射術の名人ぶり、超絶ぶりを示すことばだ。

さて、安倍政権は新予算による新しい施策が期待されている。しかし、なにしろ限られた金額なのであるから、一つの目的のための一予算、というのではなくて、一つの予算で二つ、できれば三つの目的を達成できるというような、一石二鳥の工夫が必要ではなかろうか。可能なかぎりそういう工夫をすれば、省庁の縦割り権益を越えることもできるし、名目予算が実質二倍以上となるではないか。安易な増税をする前に、まずはそういう努力「石双(二)鳥」をすべきであろう。

となると、アイデアが必要ということになる。政治家は、そうしたアイデアをみずから出すのが本来であるが、他者のアイデアもまた取り入れるべきだ。

そこで、サンプルとしてアイデアを一つ提供しよう。もっとも、このアイデアはすでに何回か書いたことではあるが、残念ながら政治家のだれも見向きもしない。

それはこうである。景気回復には第一に大型の公共事業が必要であるが、それが経済成長につながるのが最善。ただし、成長には直接と間接との両者がある。そこで、例えば少子化対策という間接的〈経済成長〉を及ぼす土木建築という公共事業を提案したい。

少子化対策にはいろいろな方法がある。若い人の収入を上げるとか、若い夫婦への直接的な金銭的支援をするとかもさることながら、生活支援自体を勧めたい。それは住居費だ。

まずは大都会が対象。例えば東京では住居費が非常に高く生活を圧迫している。そこで三ＬＤＫを月額五千円で提供する。もちろん資格の条件をつける。三歳以上十五歳（中三）までの子どもがおり、一定の所得以下など。

その住宅提供はどのようにして可能か。

まず、小・中学校のグラウンドを廃止し、その敷地全体を使って五十階の高層建築をし、三階までを学校（幼稚園を含む）の校舎とし、その中に大体育館もプールも作る。

四階から五十階までを前記住宅とする。そこの子どもは必ず階下の公立学校に通学することが条件。約八百所帯。駐車場はなし。

この住宅はふつうの賃貸住宅とし、それも思いきって安くして三LDKで月額五千円ぐらいにする。八百所帯として年に四千万円の収入は全体のメンテナンスに充てる。

もちろん、すべて耐震構造。内装・設備・外観は可能なかぎり廉価《れんか》にして実用的に作る。校舎は、夜はいくつかの信用のおける私塾に貸して賃貸料を取る。エレベーターだけで行ける近い塾なので生徒は行きやすい。それらの塾には安く貸して授業料を安くさせる。

グラウンドは不要。明治の初め、藩校の馬場をまねて作っただけのことで、世界的には学校にグラウンドなどはない。第一、野外で紫外線に長く当たるのは身体によくない。運動会は数校が共同で公的競技場を借りればすむこと。数校同士の対抗試合もできる。通学や塾通いは専用の階段やエレベーターを使うので安全で時間もかからない。住居がたがいに近いので、いじめを防げる。放課後は、必要があるとき生徒を学校が預かれば、親も安心して勤務できる。

一校地分の建築費を仮に五十億円として二百校分で年間一兆円。公共事業の毎年の投資となり、建設業界の受注が増え、また子育て世代の人々の生活が楽になるであろう。

もちろん、学校近辺に住んでいる場合、この住宅に入居しなくていい。それは自由。

大筋、右のような案である。これを可能にするには、文部科学省・国土交通省・総務省等の早急な合意が必要だろう。しかし、議論倒れにならないよう、まずは特区を作り、それをモデルとして一校を作ってみてはどうか。

なお、三歳児までを預かる私立保育所は同校に簡単に付設できることも言っておこう。

一石二鳥、三鳥の予算が国民に希望を与えるのだ。


嘗《かつ》て二雕《にちよう》（二羽の鷲《わし》）飛びて肉を争ふ有り。因《よ》りて〔突厥《とつけつ》（遊牧民族の国）王は〕箭両隻《せんりようせき》（矢二本）を以《もつ》て〔長孫《ちようそん》〕晟《せい》に与へ、射取《しやしゆ》を請ふ。晟……遂《つい》に一発もて雙貫《そうかん》（二羽を貫く）せり。

『北史』長孫晟伝

外国人労働力受け入れは不要

老生、この世では余計者、無用者。老残の日々、この世に御迷惑をおかけ申しあげ続きのやくざ者。

それだけに、逆に御免なすってと仁義を切れば、天下御免の殴りこみは許されよう。老生、もとより保守伝統派。自民党政権を支持している。しかし、宜しくない点は宜しくないと言う。その近ごろの宜しくないものの第一は、日本での就労外国人の受け入れ拡大の法制化である。

メディアの伝えるところでは、経済界の要求が強く、それに対応してとの話とのこと。しかし、彼ら経済人は労働者不足だと言うが、根本的に誤まっている。まずそれを述べたい。いったい拡大枠労働者とは何か。

その核は肉体労働者とサービス従業者とである。これを見れば、大凡《おおよそ》の見当はつく。現在、日本に肉体労働者やサービス労働者の候補者は実は山ほどいるのである。そこらにいるのに、それが見えていない。

思いきって言おう。本来なら、肉体労働やサービス業等に進んで幸福な一生の生活ができる者の大半が、なんと高校やら大学やらに進学して不幸となってしまっているのである。見よ、高校や大学の学力の実態を。例えば、大阪府の高校入試の場合、トップの北野高・天王寺高等の場合、百点満点で九十七、八点を取らねば合格できない。一方、同じ入試問題百点満点で七、八点で合格できる高校がかなりある。

つまり本来ならば、義務教育を受けたあと、高校進学などせずに実社会の肉体労働等の仕事に進み、技術をしっかり身につけると、一生、食べてゆける者が多いのである。にもかかわらず高校進学をしている。そして悲劇が待っている。国数理社英――中身が分らない。そのため、高卒で就職しようとしても使いものにならない。やむをえず、なんと大学へ進学する。学生不足の大学ならフリーパスで入学できる。そして四年、ほとんど無為のまま、なんの技術も知識もないのが〈事務職〉に就き、そこから不幸な人生が始まる。

なぜか。答は明らか。無能な事務職員に待っているのは、いつの日かの首切り。その結果、その中の何割かがひきこもりとなるであろう。

このような不幸な人生を歩む予備軍を作っているのが、現在の高校や大学の大半である。

ならば、本来、高校や大学へ進学する必要がない中学卒業生に対して、文科省は新しい形の一年で諸技術を学べる技術学校を作り、生徒が来ないので教室がガラガラの校舎が多い高校に併設することだ。その技術学校で肉体労働技術を身につけさせて世に送り出せば、外国人労働者を日本に入れる必要などなくなるではないか。

そういう自主的な努力を、文科省も経団連もなぜしないのか。百年の計をもってこの問題に当れ。

老生のこの提案、賛成しても実現するには時間がかかるであろう。そこでさしあたりの提案がある。

新規入国の外国人ならびにすでに在住の外国人に対して、彼らの安全を日本が担っている以上、彼らから所得税等の課税とは別に、〈国防税〉として、一人当り年間十万円を徴収してはどうか。仮に三百万人いるとすれば、三千億円。この税金を使って、徹底監視する。その税の半分は、次節において述べる離島・森林管理士の予算に充《あ》てる。

こうした国防税は、現行前例がある。スイスは外国人の長期滞在に対して、この国防税を課している。一人につき、日本円で三十万ぐらいと聞いている。

もちろん、この国防税を支払わない不良外国人は、それを理由に、直ちに強制送還することだ。それが別の意味の〈国防〉となる。

このように、外国人労働者に対しては厳しく管理することである。その間、前記のような六三三学制改革――形式的学歴などではなくて、人間の本質的能力に基づく学制改革をすることである。それが政治家にとって最も必要な〈百年の計〉である。

古人曰く、規《き》（コンパス）・矩《く》（定規）を以《もっ》て（使う）せざれば、方《ほう》（四角形）・円《えん》（円形）を成《な》す（完成する）能《あた》はず、と。

規《き》・矩《く》を以《もっ》てせざれば、
方《ほう》・円《えん》を成《な》す能《あた》はず。

『孟子』離婁《りろう》上

日本の森林と離島とを守る

木曾は塩尻に講演に行った翌日、帰路の塩尻・名古屋間、不通ときた。大雨による被害。やむをえず、塩尻からなんと東京に回って、帰阪となった。このコース、初めて。塩尻から乗った特急は、おお、あずさ十号。名曲〈あずさ二号〉ではなかったが、いささか悲局《ひきょく》（悲曲）と希望との入り混った気分で、車窓《しやそう》から木曾の山々を眺めながらの帰途についた。

しかし、風景は無惨であった。山間の田畑の多くは休耕田であり、雑草が繁茂。他の地方と同じく、その雑草も二種が蔓延《はびこ》っている。

その一つは外来種で、戦後日本、全国に広がったセイタカアワダチ草。

いま一つは、昔から在る葛《くず》。この葛の花は、歌人に詠まれることが多かった。「葛の花踏みしだかれて　色あたらし　この山道を行きし人あり」（釈迢空《しやくちようくう》）——などと、風雅な話をしている暇はない。葛の蔓《つる》は、伸《の》びに伸びて田畑を覆ってしまっている。

いや地面だけではない。近くの木に対しても絡《から》まり、木の幹に巻き付いて上へ上へと伸びていっている。その間、もちろん、葉を満載しながら。これほど絡まれた木は弱ることであろう。

これでいいのであろうか。

田畑の場合、個人の所有であるから、他者は口を出しにくいであろう。けれども、公有地の場合は、国や公共団体が管理すべきであるし、個人所有地の雑草に対しても適切な助言をすべきではなかろうか。

となると、例えば、国家資格としての森林管理士という公職を作り、全国的に国有地の専門的管理を行ってはどうか。もちろん、私有地に対しても適切な助言や指導を行なう。現在、林野庁がそれを担当しているのであろうが、それの専門機関を作ることだ。

さらに言えば、山のみならず、海にもまた問題がある。すなわち七千ほどからあるとされる離島である。以前、老生は提言したことがあったが、この離島に対して国家資格の離島管理士という公職も作り、離島の国家管理をすべきである。その予算の一半《いっぱん》は、前節において主張した、外国人から徴収する国防税を充《あ》てる。

この離党管理や森林管理においては、警察権の一部が必要であろうので、警察庁の所管としてはどうか。

すると、森林管理士・離島管理士の養成が必要となる。ならば、現在、つぶれかかっている私立大学の一つを買収し、二年間の（仮称）自然環境大学校を創設し養成してはどうか。文科省の所管ならば「大学」であるが。

全員、寮生活。授業料無し。寮生活費等に月十万円とすると二年で約三百万円。これは貸与とするが、卒業後、準公務員として森林・離島の勤務を五年間すれば返済免除にする。卒業後のその勤務は厳しいので、十年後、退職する。その退職金は一律二千万円。三十歳前後の退職後、勤務中に得た諸資格（例えば重機の運転免許とか）を生かしつつ再就職してゆく。

尖閣諸島・小笠原諸島や北海道等、重要拠点において、管理士たちが国運を担って勤務していただければ、これほどありがたいことはない。

現在、街を歩けば、ブラブラしている若者が多い。その多くは、親の臑齧《すねかじ》りである。大学に進学しても、これという知識も技能も身についていない。結局、凡蔵《ぼんくら》としてブラブラするしかない。

これでは日本は先細り。ならば、彼らに技能を練る学校や生き甲斐のある仕事を与えようではないか。誇りを持つ人間をつくろうではないか。

日本の真の財産は、森林と海洋である。この森林と海洋とを守り、米作農業を安定的に継続することができれば、日本は生き残ることができる。いざとなれば、工業関係は外国から国内へ撤退し、外国からの受注だけに徹することだ。もちろん二倍も三倍もの値をつけて高額を要求する。世界は日本の優秀工業製品なくして動けないので、工業は高価格で生き延びられる。

すなわち、グローバル化ではなくて、新しい形の〈現代の鎖国〉をすることだ。

古人曰く、九層《きゆうそう》（九階建て）の台《うてな》（高層建築）も、塁土《るいど》（土の積み重ね）より起《おこ》る、と。

九層《きゆうそう》の台《うてな》も、塁土《るいど》より起《おこ》る。
千里の行《たび》も、足下《そくか》より始まる。

『老子』六十四

沖縄には誠意を

このところ、世界の諸問題に引き摺《ず》られて、沖縄の辺野古問題の議論が乏しい。

諸氏御存知のように、普天間基地をなくして、辺野古に移設することは、旧民主党政権下ですでに決まっていたことである。しかしそれを認めようとしない筆頭は、旧民主党内閣において閣僚であった枝野幸男である。

なるほど枝野某は今や立憲民主党の党首であるので、民主党時代のことは知らぬ、立憲民主党として反対と言うことであろう。

ということは、以前にいた党とは関係ないということか。

この態度、一旦公的に発言したことをこうも簡単に掌《てのひら》を返す態度が示すものは、人間として信用できないということに尽きる。こういう信頼できない嘘つきが党首とあれば、立憲民主党とやらも、その程度のもの。

われわれは、嘘つきどもを問題にする必要はない。政府はしっかりと工事を進めること。

それも速やかにだ。

しかし、同時に沖縄に対して日本全体がしなくてはならないことがある。それは、沖縄を骨太《ほねぶと》にすることである。それを述べたい。

老生、沖縄に行った折、或る方に車で諸処に案内していただいた。

そのとき、沖縄の真実の一つを実感したのであった。車で走行中、突然に巨大なビルが見えた。それも時々。その近辺の人家とは不釣合《ふつりあ》いに大きい。

老生、はじめ那覇市にある沖縄県庁と思ったが、いくつか同じような感じのビルが眼に入るので、たずねたところ、那覇市周辺各市の市庁舎等であった。

沖縄に対しては、基地の負担等に対する一種の補償、あるいは補助として相当な金額を政府は提供しているが、使い切れないらしい。結局、一部はハコ物による予算執行となっているらしい。だからであろうか、周辺人家とは不釣合いなハコ物が造られていったのであろう。予算消化だけが目的の典型である。

これは、沖縄といえどもよろしくない。もっと有効な予算を組むべきである。

例えば、国家予算ではあるが、それを使って日本の大企業の工場を誘致する。その工場建設は国費で行い国が所有するが、企業に安く賃貸し、沖縄の収入とする。

そうすれば、沖縄において大企業に勤務できる機会が生れるではないか。もちろん、中小企業も対象とする。

そのようにすれば、企業自身も遠い外国に危険を冒《おか》して工場を建てる必要もなくなるであろう。なにしろ工場建築費が不要なのであるから。

沖縄の人たちの所得が低いのは、働ける大会社が少ないからである。ならば、政府が特別な援助をして企業誘致をすればよいではないか。会社としても、工場建築費不要とあらば、おそらく申込み数は相当な数となるであろう。

国家援助と言えば、またこういう案もある。それは、国が後援して、沖縄本島の南北を貫ぬく列車線をＪＲが建設することだ。

もちろん新幹線と同じものである。当然、そのレール幅はいわゆる広軌であるが、もう一本をその内側に引いておくと（つまりは三本線にしておくこと）、狭軌の線路ともなり、それを使って昔なつかしいＳＬ（蒸気機関車）を走らせることができるではないか。

つまり、急ぐ人は広軌の新幹線、旅を楽しむ人は狭軌のＳＬ、というふうになるではないか。これは沖縄観光の眼玉となろう。

さらに言えば、高校までの沖縄の教育環境は必ずしも充分とは言えない。ならば、全国の百余の国立大学は沖縄枠を設け、定員の〇・一％（三千人定員ならば三十人）を面接だけで入学させてはどうか。もちろん、沖縄で十年以上の小・中・高での生活を送ったといった条件をつけ、不正入学を防ぐことは言うまでもない。

かつて佐藤栄作首相時の沖縄返還が行われるまで、国立大学には沖縄枠として〈留学〉という形で沖縄出身学生を受け入れていた。そういう経験はすでにあった。

もちろん、そのころの意識ではなく、日本人同胞という暖かい気持で沖縄の子たちを迎えようではないか。

沖縄からすれば、いわゆる日本内地の誠意を求めている。当然である。日本の国防の基本は沖縄の諸基地である。ならば、その諸基地を守るために、日本は誠意をもって沖縄に接すべきである。

それは、ことばの上だけに終ってはならない。例えば上述案のように沖縄のための具体的・現実的な後援をすることだ。もちろん沖縄振興のためである。

古人曰く、人　遠き慮り《おもんぱか》り（さきざきを深く考えること）無くんば、必ず近き憂《うれへ》あり、と。

人　遠き慮《おもんぱか》り無くんば、必ず近き憂《うれへ》あり。

『論語』衛霊公《えいれいこう》

教育大改革

平成二十七年二月、川崎の多摩川河川敷で起きた、未成年による中学校一年生殺害事件は、多くの人々にショックを与え、国会においても取りあげられた。文科省は責任をもって対応しなければならない。

しかし、生徒による殺人事件は特異なものではない。高校生の殺人事件はたびたび起きている。それも女生徒によるものがいくつかあり、必ずしも暴力的男子の問題とは限らない深刻な様相を呈している。

川崎事件の後、そのことについてメディアは教育評論家や心理学者らいわゆる有識者に意見を求めていた。新聞・テレビ等が伝えるそれらの意見を、老生、読み聞きしたが、ほとんどが役に立たないつまらない意見だった。

例えば、スマホにおけるＬＩＮＥ（スマホを通じての小グループ）が人間関係を壊す可能性があるので、子どものＬＩＮＥに注意せよとか、親は日ごろから子どもの言動をよく監視することだとか、子どもの友だちについて十分に把握しておくことが必要だとか等々。

それらの意見は凡庸な一般論であり、ほんの対症療法にすぎず、口先きだけ程度の教科書的指導で事が解決すると本気でそう思っているのか。現状はもっとすさまじく、安っぽい教科書的指導などなんの役にも立たず、なんの解決策にもならないほど荒れているのである。

では、その荒れている根本理由とは、いったい何なのであろうか。

老生、断言する。現在の中・高の学習内容は量も多く、また難しく、十分に理解できない生徒が大半であり、学習がすこしも楽しくないのだと。つまり、学校の勉強が分からない。ここに最大の原因がある。

それを歴史的に言えば、こうなる。現在の高校の前身は、旧制の中学校等や高等女学校である。小学校卒業後、中学校や女学校への進学者はせいぜい一割。その中のさらに一部が旧制高校・旧制大学へ、あるいは専門学校等へと進学する。残りの者は社会に出て働いたのである。そして手に職を叩きこんでいった。

ところが、現在ではほぼ全員が高校に進学する。となると、当然、大半の者は学習内容が分らない。土台《どだい》——はじめから無理な話なのである。国数社理英はリベラルアーツ（教養科目）であり、少数の者のみがすべてを理解できる。大半の者は、わけが分らぬままに月曜から金曜（あるいは土曜）までずっと椅子に座り続けている。中高の六年間。

老生の経験を言えば、老生、国語・英語は得意であったが、数学・物理には苦しんだ。はっきりと言おう、数学については、四則計算（分数・少数を含む）と割合計算（百分比）と一次函数（xが一つ）とができれば、生活者として、人生なんの不都合もない。それ以上の数学は不要。物理に至ってはまったく不要。

ということは、中学校二年あたりまでの数学で十分ということだ。理科は自然科学史として中学校で教えることにしてそれで十分。

もちろん、本格派の数・理のコースを作り、求める者に選択させる。国語・英語も同じこと。英語は選択にし、いやな者は受けなくていい。国語も読み書き一般コースと本格コースとに分けることだ。

中高においては、各教科ごとに本格コースと一般コースとに分けて選択させ、教科書も別にする。つまり、自分の身丈《みたけ》に合った学習をし、身につけることができるようになれば、学校へ通うのが楽しくなるではないか。

そのようにして余った時間は、前に述べたように、社会福祉をはじめとする諸社会奉仕活動にどんどん参加し、自己の福祉ポイントを増やす。それは将来の身のためとなる。或いは、技術学校（専門学校の基礎課程として、高校の空《あき》教室を使って新設する）に通って技術を身につける。

このような抜本的教育改革を行わないかぎり、中・高生の犯罪をなくすことはできない。それを文科省は問われているのではないか。

古人曰く、「その〔適した土〕地にあらざれば、これに〔苗を〕植《う》うるも生ぜず。その意〔やる気〕〔を起す〕にあらざれば、これに教ふるも成《な》らず（完成せず）」と。

> その〔適した〕地にあらざれば、これに植《う》うるも生ぜず。
> その意〔を起す〕にあらざれば、これに教ふるも成《な》らず。
> 『史記』日者列伝

民泊に替わる宿泊施設を

老生、久しぶりに京都を訪れた。いや驚いた。外国人の多いこと多いこと。

こういう連中、京都のどこを訪れるというのであろうか。大半は、いわゆる定番のコースをぞろぞろ歩くだけ。例えば、金閣だの銀閣だのを〈見て回る〉だけのこと。

しかも礼儀知らず。寺社において参拝の礼を行なう者はほとんどいない。それなら寺社ではなくて、繁華街を歩いて金銭を落としてゆけばそれでいいではないのか。

ところが、政府は何を勘違いしてか、観光客をもっと増やすと言う。愚かな話である。

その愚を遥か以前に見透した、先見の明があった寺がある。西芳寺《さいほうじ》である。

西芳寺は、苔寺《こけでら》という通称で知られている。一面の苔は、雨上りのときなど絶景である。

その苔を守るために、一日に二十人か三十人か、参拝客を制限している。それも予約であり、いわゆる観光ルートにしないでいる。見識ある態度で、それが本来であろう。

しかし、世は金儲《かねもう》けが第一。外国人観光客をもっと引っ張りこもうとすることであろう。

老生、そんなことには何の関心もない。ところが、それと絡《から》まって嫌なことが起っているとのこと。すなわち、外国人観光客の宿泊問題。

政府の計算では、とにかくホテル不足。そこで、民泊という代打が出てきているが、認可には条件があり、認定民泊は少ない。多くは、勝手な営業。例えば、マンションの一室を借りて家賃は支払うものの、自分は住まない。そして、その一室を外国人観光客に貸して利益を得る、という形。要するに、契約違反をしての又貸《またが》しである。

宿賃の安いそういうところへ来る客はもちろん三流であるので、礼儀など心得ない。夜遅くまで騒ぐは、ベランダからタバコの吸い殻《がら》を投げ捨てるは、翌朝の出発時には生《なま》ゴミを散らかして去るは、狼藉《ろうぜき》千万。

もちろん、この種の客のピークは東京オリンピックであるから、いまホテルを建設しても、オリンピック後は客不況。それは避けたいという思惑がホテル業界にあるだろうから、闇《やみ》民泊が増えることはあっても、減ることはないだろう。第一、摘発の方法がないではないか。当該マンションの借り主が、泊った客を自分の親類だと主張し、一晩泊めさせたと言えばそれまでである。

要は、不良外人どもの溜《た》まり場となりかねない。のみならず、そこを根城《ねじろ》にして不法滞在し、やがては日本における永住権を得たりする可能性、いや危険性がある。

そうであるならば、認定民泊などという東京オリンピック用の一時凌《しの》ぎもやめることだ。テレビの「You《ユー》は何しに日本へ？」という三流番組を見ていると、外国人様様《さまさま》、それも白人系様様の胡麻摺《ごます》り接待。明治時代の白人対応そのもの。そうした感覚の延長線上に乗っての民泊などやめるがいい。

では、大量の訪日外国人の宿泊問題をどう解決すれば良いのか。もちろん方法はある。

それは、小学生・中学生が減り、過疎《かそ》となったため、学校を統合するなどして、廃校となった校舎（都会地でも商業地域やビル街附近には廃校がある）、それを宿泊所にすればよい。上等の設備は不用。すこし手を入れ、家具類を運びこめば十分。炊事場も手洗いもある。夏なら運動場にテントもいい。

運営は、それこそアルバイト学生を使い、下手な英会話の無料練習場にする。なんなら、そこで充分に勤めたならば、教育実習の単位認定をしてもいい……等々。

見よ、大阪はビル街のド真ん中に、京都は北山の山村に、神戸はすこし北に、廃校校舎がずいぶんとあるではないか。おそらく東京都には、やや遠くだろうが数多くあることであろう。

今からそれら廃校を活用し準備すれば間に合う。それをしないで、いざとなって間に合わせのお役所仕事ではどうしようもなかろう。

古人曰く、備《そな》へ（緊急対策）なくして〔危急時に〕官辦《かんべん》（お役所仕事）せん者《もの》は、猶《な》ほ瀋《しん》（汁）を拾《ひろ》ふ（汁を拾うすなわち不可能の意）がごとし、と。

> 備《そな》へなくして〔危急時に〕官辦《かんべん》せん者《もの》は、猶《な》ほ瀋《しん》（汁）を拾《ひろ》ふがごとし。
>
> 『春秋左氏伝』哀公三年

追記

この廃校宿泊設備は、もっと有用で教育的効果抜群の利用方法がある。

今日の小中高校生に乏しいのは、心を割った友人関係の形成である。いわゆる〈遊び〉の機会が少ないことにその一因がある。ならば、修学旅行などという馬鹿馬鹿しいものはやめて、その費用を使って廃校での合宿生活をしてはどうか。それも一日や二日ではなくて、一カ月前後（例えば四月十日ごろから五月十日あたりまで）の長期合宿である。もちろん自炊しながらの生活をして心身を鍛える。小学校の四・五年生、中学校の一・二年生、高校の一・二年生のときの計三回。教員志望の学生がその指導に関わり、教員資格の必修単位とする。教員は、その学年の半数が交代して担当し、担当でないときは学校でゆっくり研修する。この合宿に依って、友情・質素・自然・協同……等々を学ぶのだ。

大学入試改革の根本

大雨の日々、老生、テレビ天気予報ばかり視ていたところ、思わぬものが眼に入った。文科省の局長、佐野某が東京地検に逮捕された、と。驚いた。老生、かつては文科省に所属する大学教員であったので、本省局長の地位の高さを知っていただけに。

さらに驚いたのは、その容疑内容である。億単位の収賄ならば、或る意味、敬意を表する。老《お》い耄《ぼ》れ老生など、眼も眩《くら》むような大金を億と積まれると、すぐヨッシャや。

ところが、今回、ゼニカネは動いていない。特色ある研究事業への補助金を東京医科大学が文科省に申請した年、佐野某の子（男女不詳）が同大学を受験した。そこで、佐野某らに頼って補助金申請合格するのと引き換えに、佐野某の子を試験成績を越えて入試合格させるという取引をしたという。

なるほど金銭は動いていないが、佐野某が地位を利用しての不正（受託収賄という罪）を行なったのであろう。これは犯罪。

この事件、その内容は比較的単純であり、一つの不正入試事件としてやがて忘れ去られることであろう。それだけに、この事件を軸にして、医学部入試について、根底から考えてみたい。

大学入試において、医学部志望者は多いだけではなくて、彼らの偏差値は、他のいかなる学部受験生よりも高い。すなわち難関というわけで、全国どこの医学部も受験競争が激しい。どこの高校も予備校も医学部合格者数を競っている。

そして、この各医学部偏差値を軸として、いわゆる偏差値序列ができていて、他学部への影響力を持っている。すなわち、偏差値信仰の根源が医学部偏差値信仰なのである。

では、なぜ医学部を受験するのかと問えば、地位の安定、収入が高額、といったあたりが中心。真向《まっこう》から、人の生命を救いたいといった本来の職業意識など受験生の大半はほとんど持っていない。

なぜか。

理由は明確である。人の生命といった重大な意識など、高校生あたりでは持ちようがない。彼らの人生経験は浅く、己れの受験感覚すなわち偏差値盲信であるため、偏差値高位を得て、その高位に相当する医学部を第一志望としていると言った程度の単純なものなのである。

これでは、真当《まっとう》な医師の生れようがない。かつて大阪大学医学部では、専攻課程の学生に哲学概論を必修とし、文学部の哲学科の教授が医学部へわざわざ出講していた。それは医学部教授たちの希望であった。

その阪大医学部もいつしか哲学概論が科目から消えていってしまった。

かつての阪大医学部教授たちには、〈人間を診《み》る〉という根源的視角があったのだが。

ならば、老生、提案いたしたい。医学部受験を現在の入試から外《はず》す。すなわち高校生から受験することができないようにする。

そして医学部受験資格は、大学卒業生とする。これは、諸経験を得させる意味。もちろん、文系・理系不問。在学は三年間。学費については、いろいろな形の後援が可能である。一般大学卒業後にその後の人生について考え、本当に医師として立ちたいならば、勉強して医学部を受ければよい。

この新医学部の入試方式や水準は、各大学ごとに作ればよい。一般の大学入試と異なり、その新医学部が望む科目にすることである。もちろん面接も体力テストも自由。

そのようにすれば、大学入試における偏差値の高さだけで合格してしまう現在の愚劣さから脱出できよう。医師は人間を診《み》るのであるから、入試においては、人間として真当な人物を選ぶことを第一とすべきであろう。

今回の東京医大事件――文科省の佐野局長の行為は、小役人根性そのもの。国家のために働らく倫理感なし。

一方、事件の中心人物、東京医科大学理事長である医師の臼井某、同大学学長である医師の鈴木某、この二人の医師に欠けているのは、人間の生命を公平に預《あず》かる医師としての倫理感の欠落である。

医師にこそ哲学や倫理学が必須なのである。

古人曰く、君子は義に喩《さと》り（道義第一）、小人は利に喩《さと》る（利益第一）、と。

君子（教養人）は義（道義）に喩《さと》り、
小人（知識人）は利（利益）に喩《さと》る。

『論語』里仁

老人には社会保障より道徳教育

バスに乗っていたときのできごと。十数人ぐらいか、保育所の子たちが乗ってきた。引率の保育士から教えられたのであろう、座席には座らず、ずっと立っていた。もちろん、子たちの手はいろいろな物にすがっていたのであるが、バスが揺れると大きく体が動く。保育士たちが注意の声をかけていた。

そのとき、或る老女が大声で「あ痛《いた》！　ヒールで踏まれた」と叫んだ。どうやら保育士に足を踏まれたようである。

その保育士は何度もすみませんと言って謝っていた。しかし、保育士はゴム底の運動靴を履いており、仮に踏まれたとしても、革靴のヒールほどの痛さはあるまい。しかも揺れたときの話であり、わざと踏んだわけではない。幼児たちはよく訓練されており、立ってよろよろしながらも行儀よく友だち同士で助け合っていた。

痛いとわめいた老女は着席していた。その顔つきは、その心と同じく、下品で大人げない、エゴむき出しであった。

世間ではよく言う、老人を大切にし、労《いたわ》れ、と。その言や良し——しかし、それはあくまでも一般論であって、世にはどうしようもないつまらない老人が多くいることも事実である。にもかかわらず、〈老人の特権〉は当然と思っているので、困る。同じ老人としての私からは言いにくいことなのだが。

世には老人エゴが横行している。大した病気でもないのに病院通いして、社会保障における無駄な医療費を増やしている。受け取る年金額に対してこれでは生活ができないと不満。しかし年金はあくまで補助なのであって、自分の老後は自力でいろいろな形で準備しておくのが筋。それを生活への給付金という考えかたをしており、根本的に誤まっている。

老人には働く場所がないと言うが、それはおかしい。たとい月に一万円でも二万円でもいい、働ける場所を求めるならば、必ずある。じっと座って年金だけで暮らすというのは、安易であり、健康的でない。

遊んでいる不平不満老人に必要なのは、社会保障よりも道徳教育ではあるまいか。義務教育において、教科としての「道徳」が登場した。とすればそれを受講させてはどうか。

すなわち、閑居老人が小学校に再入学するという案である。

これは楽しいではないか。教科は、道徳のみならず、なんでもほぼ分かる。学校が楽しくなる。昔はいやだった人でも。

そして空き時間には同級生の少年少女に勉強を教えることもできる。運動会、文化祭、遠足――楽しいではないか。

経験がある人は、クラブ活動における指導ができるし、また担任の手助けもできる。

老人を若干の日当でそういうふうに生かせる再入学制（週に二日通学ぐらい）を文科省は考えてはどうか。政治家も政策の一つとして選挙公約の中に入れてもいいのではないか。

老人を再教育しつつ、同時に教員の助手、学校の要員として遇することである。老人をほったらかしにしているから、いろいろと問題を複雑にしているのである。

古人曰く、小人　閑居《かんきょ》して（ひまにしていると）不善《ふぜん》をなす、と。

> 君子　必ずその独《ひと》りを慎《つつし》むなり。
> 小人　閑居《かんきょ》して不善《ふぜん》をなす。
>
> 『礼記《らいき》』大学

「官製レシート」で税収増

「カーラアス、なぜ鳴くの」に始まる童謡の歌詞に、「かわいい七つの子があるからよ」とある。

この「七つ」は七歳ではない。七歳にもなる雛《ひな》がいては、親鳥もたまったものではない。これは「七羽」の子沢山《だくさん》の意。

さて、子沢山だと子供の間での餌の取りあい、勝ち負けによって成長に差がついてくる。これは困る。そこで親鳥は七羽の雛に平等に餌を与えて育てているのだと『詩経』鳲鳩《しきゅう》は言う、「鳲鳩（ほほどり）桑に在り。この子七つ。（親鳥は公平に餌を与えて育てている。人間もそうあるべきで）淑人君子《しゅくじんくんし》（立派な為政者）、その儀（ありかた）一《いつ》（均一）」と。

童謡はこの詩句を踏んでいる。そこで、ふっと近所の店のことが頭に浮かんだ。そこのオバちゃん、贔屓《ひいき》をして、気に入った客からは消費税を取らない。嫌われているらしい老生などはいつも取られている。

免税事業者に当っている可能性もないではないが、税務署にきっちりと消費税（客からの預かり金）を納めていないのではなかろうか。納めるなら客から平等に取るはず。ということは、税務署は消費税の取りこぼしをしている。ということは、それを改善すれば、消費税の収入をもっと増やせるはずだ。ということは、消費税増税の前に消費税の徴収のしかたに問題あり。ということは……となってゆき、消費税増税の必要が果たしてあるのかどうかというところにまで行く。そうなると、立法のとき、銭勘定《ぜにかんじょう》がっちりの外国の例なども調べたのだろうかという疑問が起きる。

台湾の場合を紹介しよう。

いわゆるレシート（通しナンバーつき）は官製なのである。客が支払うとき、その金額と消費税額を打ちこんだレシートを客に渡し、控えは店に残る。税務署は、この官製以外のレシートは認めず、またそのレシートが証拠なので、消費税や売上げのごまかしようがない。日本もそのように、レシートの公的統一を図ってはどうか。打ち出す機械の規格化もすればよい。店と税務署との間では、消費税に関しては通しナンバーのこのレシート以外の書類は不要。これによって税務署は消費税額をすべて把握でき、納付は完璧。

一方、客の場合、受けとったレシートが国発行の宝くじ券となる。レシートに記してある番号（店の公的ナンバーや発行順など）が宝くじナンバーとなる。半年とか、或る区切りまでのナンバー内が抽選の対象となるから、客はレシートを捨てないで当選を期待する。

この方式を日本に導入するならば、消費税の未回収分はなくなり、相当の増収となるのではなかろうか。そして、店のオバちゃんの気に入った客だけへの割引という消費税脱税疑惑もなくなり、私も納得して商品を買うことができる。

税収が不足だから増税するし赤字国債も発行すると言う前に、本当に税収不足なのかということ、また徴収する方法を工夫するといった努力があってこそ、税制への信頼が生まれるのであって、それをしないで単に信じろと言われても信ずることはまずできない。

その上、不公平感を与えるような制度では、だれが信ずるであろうか。

古人曰く、孔子曰く……国を治むる者は、〔公〕平を失ふべからず、と。

孔子曰く……国を治むる者は、〔公〕平を失ふべからず

『韓非子』外儲《がいちょ》説左下

中国を転ばせる

日本国憲法の前文を読んで、いつも失笑するのはこの個所、「平和を愛する諸国民の公正と信義に信頼して」である。

そのような国際環境は、日本の周辺には存在しない。厚かましい、いや、ド厚かましい国々ばかりであって、彼らには〈公正〉も〈信義〉もへったくれもない。最低の連中である。同じく前文に「いづれの国家も、自国のことのみに専念して他国を無視してはならないのであつて、政治道徳の法則は、普遍的なものであり」とあるに至っては、この平和教科書、本気かよと思う。だから、こうした浪花節には、まあまあ、とお引取り願う他はない。国家は、国民は、自国の防衛を忘れてはならない。日本を巡る碌《ろく》でなし諸国に対しての警戒は怠ってはならない、絶対に。

別《わ》けても、中国が最も危険である。なぜか。答は明らかである。すなわち、中国は、古来、人々を十分に食べさせてゆくことができず、その食糧問題に苦しんできた。この問題は、人間の根本問題である。もし空腹を満たすことができなかったときは、当然、暴動となる。

当りまえのことである。食は、人間の（もちろん生物全般の）最大要求にして最終要求であり、これを満足させられないとき、その政権は崩壊する。その繰り返しが中国史と断じても誤まりない。

とすれば、ここである。中国を押えこみ、さらには操《あやつ》れるのは、中国の食糧問題を押えることができるかどうかである。

それを日本はできるのか。できる。そのことを以下に述べよう。その方法に基づけば、日本は一発の銃弾を撃たずとも、中国を転ばせうる。

食糧の中心は、もちろん主食である。中国の場合、長江を境にして、北と南とでは主食が異なる。長江以北は小麦、長江以南は米である。この長江以南における米の収穫はほぼ順調である。しかし、長江以北は大変である。種々の統計に依れば、中国の全人口は世界人口の二二パーセントを占めているにもかかわらず、全世界の農耕可能面積において、中国はわずか七パーセントなのである。このところの激しい砂漠化を加えてゆくとすれば、農耕可能地がさらに減っていっていることは確実である。

それなら、南方の米を北方に送ればいいではないかという話になろう。しかし、この話はそう簡単ではない。食習慣、それも主食の場合、そう簡単に変更できるものではない。例えば、われわれ日本人の場合、米不足だからパンにせよ、となったとき、それに素直に従えるだろうか。例えば、パンを食べ食べ、すき焼きをつくとか。ま、無理。

小麦不足——中国はやむをえず、小麦を大量に輸入している。中国発表の数字はデタラメなので無視する。しかし、アメリカ・カナダ・オーストラリアの中国への輸出量は、まず信用できる。この三国の輸出総量は、年間、約三千万トンである。地理学の常識として言えば、小麦一千万トンは一億人の年間消費量。とすれば、中国が輸入する三千万トンとは、三億人の一年分消費量に相当する。すなわちそれだけ分の不足ということである。

ここが中国の最弱点。ならば、日本国政府は、三井物産、三菱商事、住友商事等々、世界に名だたる大商社を後援して（つまりは資金援助をして）、全世界の小麦を買い占め、小麦相場を左右できるようにしようではないか。

もちろん、相場だけではなくて、小麦を備蓄する。外務省所管のＯＤＡやそれに相当する諸援助はやめ、その分を小麦買いつけ資金とする。そして、ＯＤＡ等分の援助として小麦の現物給付をすることだ。弱小貧窮国へドルで渡すと、政府悪徳高官らがピンハネをする。小麦の現物給付となると、ピンハネ額を減らせうる。
話をもどす。小麦相場を握った日本に対して、中国は下手《したて》に出る以外ない。小麦を少しでも安く、かつ大量に入手するためには。このようにして、中国を押えこめば、周辺諸国は、もちろん我が国に対して、これまでのような無礼な態度を執《と》ることができなくなることであろう。これが、一発の銃弾を撃つこともなく、中国を転ばせることができる戦略である。とすれば、国策として、政府に依る小麦等の相場担当、ならびに現物小麦による外国への援助等の政府新署を設けてはいかがか。
古人曰く、兵を用《もち》ふるの法は、〔敵〕国を全《まつと》ふする（滅亡させない）を上《じよう》と為《な》し、国を破る（滅亡させる）こと、之《これ》（滅亡させない勝利）に次ぐ、と。

兵を用《もち》ふるの法は、
〔相手〕国を全《まつと》ふするを上《じよう》と為《な》し、
〔相手〕国を破ること、之《これ》に次ぐ。

『孫子』謀攻

アベノミクスを夢ある政策に

老生、老いの日々。漢文流に言えば、頽齢《たいれい》の日々か。それは独酌《どくしゃく》・仮眠のとりとめない日々でもあるが、時には刮目《かつもく》する、他者を見直すことがある。

それは安倍首相の或ることばである。

過日の伊勢志摩サミットのとき、安倍首相が発言したが、その中にリーマンショック級の経済リスクがあるので云々《うんぬん》とあった。

この発言に対して、ドイツ・フランス等のヨーロッパ勢は否定的であり、それを受けてか日本の新聞・テレビ等のメディアは、一斉にリーマンショックの前夜のような状況はどこにも見られないと批判し、そこらの経済評論屋や学力が有るのか無いのか怪しげな大学教員のほとんどが嘲笑《あざわら》った。

しかし老生は、お美事《みごと》と思った。事実の名指しを避けるときは、他のことばに託す。それを漢文流に言えば「微言《びげん》」。この微言に託して、大いなる道を示す。その大いなる道を漢文流に言えば「大義」。すなわち首相はいみじくも〈微言大義〉を述べたのである。

念のために言えば、「微言大義」とは、中国古典学の柱の一つである春秋学（『春秋左氏伝』はその重要文献の一つ）における重要概念であり、漢文屋の常識。

では、首相の〈微言〉を明《あか》らさまに言えば何か。決っている、中国経済のことだ。すなわち迫りくる中国経済崩壊に由《よ》る日本経済への影響を懸念《けねん》し、延《ひ》いては、世界へのさまざまな悪影響を指したのである。

しかし、微言大義を知らぬ者どもは、文字通り表面的字面《じづら》だけで判断して首相を嗤《わら》った。いずれブーメラン現象となってそのお返しが来ることであろう。

かと言って、老生は現政府の政策のすべてを支持しているわけではない。例えばインターネットで、或る女が自分の子が保育所に入れなかったことを非難し、「日本死ね」などという野卑なことばをぶつけたことを受けてかどうか知らないが、保育士の給料を上げ、保育環境を良くする政策が提示された。

これは、ポピュリズム。給料を上げればいいでしょという〈物奪《ものと》り合戦〉の単純な解答にすぎない。保育士の給料増となれば、次は介護福祉士の、さらには看護師の、薬剤師の果ては医師の給料増へと連鎖してゆくことであろう。それらに対応する覚悟があっての上の政策なのか。財源をどうするのか。おそらくなにも考えていないことであろう。こういうのを場当りと言う。

では、お前ならどうする、と政府に問われたならば、老生、こう即答する。保育士の待遇改善としては、金銭ではなくて週に二日の公休を出す、と。

すなわち、月から土まで六日間（或いは月〜金の五日間）の内、二日を出勤不要とする待遇改善である。もしそうなると、保育士は休養できるし勉強もできるし、遊びに行ってもいい。給料は変わらずとも自由時間が増えること、これが最大好遇なのである。規則は緩めて、その休日にアルバイト（保育以外）することを認めてもいい。特別待遇として。

一方、保育士の勤労休日の穴埋めには、保育助手として一般人のアルバイトを求めれば済む。週に二日〜一日のアルバイトなら、そういう形を望む主婦層もまた存在する。

これは、老生のような閑人《ひまじん》の、或る意味、〈知恵〉である。傍目八目《おかめはちもく》とはよく言ったものので、当事者よりも傍観者のほうが、事の解決方法がよく見える。

アベノミクス第三の矢以後、政権が不評の最大原因は、夢ある具体的な政策に乏しい点だ。老生は、政府が苦しんでいる財政の再建、社会福祉費の抑制、少子化対策等々についての、あっと驚く具体的な解決案をこの終章において述べてきた。

そして昨年春のこと、安倍首相と老生との対話が実現した。その対話において、時間が限られたため、若干となったが政策提言をした。

その対談は『W・i・L・L』誌平成三十（二〇一八）年五月号に収録されている。そこに記されているが、首相はポイント制（本書二四三頁参照）について「調査させましょう」とおっしゃられた。聞くところでは、どうやらこのポイント制の検討が始まっているらしいとのこと。大賀大賀。ぜひ実現を。

古人曰く、春往《ゆ》きて冬返《かえ》るとき、〔雪で〕迷惑し（迷って）道を失す。……〔そこで連れてきた〕老馬を放《はな》ちてこれに随《したが》ひ、遂《つい》に〔帰る〕道を得たり、と。

春往《ゆ》きて冬返《かえ》るとき、〔雪で〕迷惑し〔迷って、帰りの〕道を失す。……
〔そこで連れてきた〕老馬を放《はな》ちてこれ〔が歩いてゆくの〕に随《したが》ひ、
遂《つい》に〔無事に帰る〕道を得たり。

『韓非子』説林上

【人名索引】

【著者略歴】
加地伸行（かじ・のぶゆき）

昭和11（1936）年、大阪市生まれ。昭和35年、京都大学文学部卒業。中国哲学専攻。大阪大学名誉教授。著書に『加地伸行（研究）著作集』全三巻（研文出版）、『儒教とは何か』（中公新書）、『大人のための儒教塾』（中公新書ラクレ）、『「論語」再説』『「史記」再説』（中公文庫）、『沈黙の宗教——儒教』『中国人の論理学』（ちくま学芸文庫）、『論語全訳注』『孝経全訳注』『論語のこころ』『漢文法基礎』『祖父が語るこころざしの物語』（講談社）、『孔子』『論語』（角川書店）、『マスコミ偽善者列伝』（飛鳥新社）など。

続・マスコミ偽善者列伝　世論を煽り続ける人々

2019年4月3日　第1刷発行

著　　者　加地伸行
発 行 者　土井尚道
発 行 所　株式会社　飛鳥新社
〒101-0003　東京都千代田区一ツ橋2-4-3　光文恒産ビル
電話　03-3263-7770（営業）
　　　03-3263-7773（編集）
http://www.asukashinsha.co.jp
装　　幀　神長文夫＋松岡昌代
印刷・製本　中央精版印刷株式会社

ISBN 978-4-86410-664-1

編集担当　工藤博海

飛鳥新社の好評既刊
月刊Hanada双書シリーズ

『今こそ、韓国に謝ろう そして、「さらば」と言おう』文庫版
百田尚樹

文庫判・並製・288頁／694円（税別）
ISBN 978-4-86410-682-5

『左巻き諸君へ！　真正保守の反論』
小川榮太郎

四六判・並製・240頁／1296円（税別）
ISBN 978-4-86410-668-9

『日本を貶《おとし》め続ける　朝日新聞との対決 全記録』
ケント・ギルバート　山岡鉄秀

新書判・並製・240頁／1204円（税別）
ISBN 978-4-86410-659-7

『日本を亡ぼす岩盤規制　既得権者の正体を暴く』
上念司

四六判・並製・240頁／1296円（税別）
ISBN 978-4-86410-647-4

『中国が支配する世界　パクス・シニカの未来年表』
湯浅博

四六判・並製・296頁／1389円（税別）
ISBN978-4-86410-621-4